绝望锻炼了我

朴槿惠自传

[韩国]朴槿惠/著
蓝青荣等/译

译林出版社

图书在版编目(CIP)数据

绝望锻炼了我：朴槿惠自传 / （韩）朴槿惠著；蓝青荣等译. —南京：译林出版社，2013.5（2014.8重印）
（传记译林）
ISBN 978-7-5447-3795-1

Ⅰ. ①绝… Ⅱ. ①朴… ②蓝… Ⅲ. ①朴槿惠-自传
Ⅳ. ①K833.126.7=76

中国版本图书馆CIP数据核字（2013）第074632号

书　　名	绝望锻炼了我：朴槿惠自传
作　　者	[韩国] 朴槿惠
译　　者	蓝青荣　宇秀美　邱敏瑶　尹嘉玄
责任编辑	田　智　周　静　何本国
原文出版	Wisdomhouse Publishing, 2007
出版发行	凤凰出版传媒股份有限公司 译林出版社
出版社地址	南京市湖南路1号A楼，邮编：210009
电子邮箱	yilin@yilin.com
出版社网址	http://www.yilin.com
经　　销	凤凰出版传媒股份有限公司
印　　刷	江苏凤凰扬州鑫华印刷有限公司
开　　本	718毫米×1000毫米　1/16
印　　张	20.5
插　　页	4
版　　次	2013年5月第1版　2014年8月第11次印刷
书　　号	ISBN 978-7-5447-3795-1
定　　价	35.00元

译林版图书若有印装错误可向出版社调换
（电话：025-83658316）

이 책은 나의 과거이자 현재이며,
미래에 대한 약속이다.

박근혜

这本书是我的过去和现在，也是对未来的约定。

——朴槿惠

给中国读者的信

朴槿惠

中国的各位读者：

大家好。很高兴这一本承载着我一生经历的自传能与中国的读者朋友们相遇，这对我来说也是件非常有意义的事情。

中韩两国不仅在地理位置上毗邻，还拥有共同的历史文化背景，一直以来都是友好邻邦。尤其是在1992年正式建交以后，两国间的交流取得了惊人的飞速发展。我认为，现在是为两国的共同飞跃发展做出新一阶段规划的时候了。同时，还希望通过这本自传使中国人民更加了解韩国。

在我年轻的时候，父母先后死于枪杀，那段时间我陷入了无限的绝望中，深不见底。每天都在痛苦的煎熬中度日，使我能默默熬过这一切并最终站起来的正是在乡村中、在集市上遇到的那些质朴的人们，他们用温暖的双手给了我勇气和力量，正是这份无名的爱让我度过了那段黑暗时光。

从政以来，我一刻也没忘记过要将这份恩情回报给国民。

现在，作为大韩民国的总统，我的最终目标就是努力让全国人民实现自己的梦想，步入一个人人幸福和谐的全新时代。

中韩两国作为互信互助的同伴，两国间友好协助关系的强化不仅可以促进各自的发展，还可以对全世界的和平与繁荣做出一份贡献。国家的未来有赖于青少年，中韩两国友好关系的维持与发展也有赖于新时代的青少年。真心祝愿两国间的青少年能够互相理解、互相帮助，为打造美好的未来而共同努力。同时，也希望这本自传能给大家带来一些帮助与启示。

2013年2月

目 录

序言

重新开始的第二段人生 1

第一部　住在有大庭院房子里的孩子 3

青瓦台，庭院宽广的家 7

军绿色裤子的回忆 11

从孩子王到青春期少女 15

父亲是浪漫诗人 19

母亲的朴实教育 25

身为总统的女儿 29

首次登上外交舞台 34

毫无联谊经验的理工科生 42

短暂的法国留学 52

第二部　二十二岁的第一夫人 59

啊，母亲 63

面对狂风巨浪 68

父亲对外婆的爱 74
父亲的政治课 79
令人痛心的贫穷 85
就算沉重的责任感压着我 88
国民健康第一优先 93
不知不觉间累积的外交训练 97
温柔的领袖风范 103

第三部　孤单又漫长的航海 109
再次面临的悲剧 113
离开青瓦台 118
转身离去的人 121
与眼前巨大的高墙奋战 124
沉默的时间，一切都会事过境迁 127
年龄送给我的珍贵礼物 135

第四部　大国家党代表朴槿惠 141
从现在开始 145
选择了大国家党 148
达城大胜——“4·2”再补选 152
拒绝担任指名副总裁 159
即使被排挤也要坚守信念 163
来自朝鲜的邀请函 167
无条件的心 176
成为汪洋中掌舵的船长 179
帐篷党舍，摒除腐败 182
“4·15”国会总选，国民给我宝贵的一百二十一席 188
朴槿惠的革新将继续向前迈进 193
对社交网站 Cyworld着迷 199
四次再补选，四次胜利 204

感谢民众的心意 208
“女人不得进入” 212
笔记本公主，制作《大国民约定实践白皮书》 216
为遵守约定而做的选择 220
权力是国民赋予的 224
五十三天的《私立学校法》之争 228
大阿姨心爱的侄儿们 234
我的未来伙伴，大韩民国的年轻人们 239

第五部　我的信念将在世界舞台持续 245
我的第一个外交原则 249
解决朝鲜核武器问题的“饭桌论” 253
中国最高领导人胡锦涛主席 257
带来幸运的赖斯长官 261
再次相遇的唐纳德·拉姆斯菲尔德部长 264

给重庆市民们的感谢牌 266

小泉首相的“无信不立” 270

与默克尔总理的相同梦想 276

西部大开发的前哨基地——成都 280

想从“新农村运动”中学习经验的中国 284

以铁路渡轮行驶世界 287

慈父慈母般的情感——李光耀总理夫妇 291

与世界知名未来学家阿尔文·托夫勒共同“升级” 294

韩国与美国，一同分享的未来 298

遇见未来中国的领导者们 302

继续走向世界舞台 305

后记

为我们的将来，许下承诺 311

序　言

重新开始的第二段人生

正当主持人介绍完，我准备登台演讲时，右脸颊突然感到一阵锐利的刺痛。似乎有人向我靠过来并伸出手，而那只手刚好划过了我的脸颊。还来不及察觉那阵刺痛感来自刀片，痛感已渗透到脸颊和颈部之间。那一瞬间我用手掌捂住了伤口，心想“至少要将演讲讲完”，就上了讲台。讲台上的首尔市长候选人吴世勋看到我脸上的伤口后，开始惊慌地大喊“要立刻就医”，周围瞬间变得非常混乱。

有人喊着“抓住他！”、“快叫救护车……送医院！”记者们不停咔嚓咔嚓地按下相机快门，混乱声中，映入我眼帘的是刚刚还在大声欢呼等着听演讲的人们被混乱场面吓得惊慌失措的神情。

2006年5月20日，这天是我重生的日子。“5·31”地方选举的前十天，我在新村十字路口帮首尔市长候选人进行拉票演说时遭到突袭。虽然现在可以如此若无其事地回想当时的情况，但那次事件是我这辈子最接近“死亡”的一次。

被割伤的时候根本来不及去想伤势有多严重，直到上了车后才惊觉从指缝渗出的鲜血汩汩不止，伤口比想象中深很多，甚至连按压伤口的手指都陷进肉中。我和魂飞魄散的随扈们一起抵达医院接受急诊，脸色惨白的刘正福秘书室长进了门，他的脸上满是没能保护好我的愧疚，以及对近日即将到来的选举的担扰，可想而知他当时的心情有多复杂。看到他那焦急的表情我反而过意不去，于是先开口问道：“您吓坏了吧？”没想到他像马上就要落泪似的，双眼微微地颤抖着。

上了手术台，我想起了遭遇枪击而受苦的父母，他们的脸庞在我脑海中不断浮现。想到父母当初的心情应该也像我现在一样，心不禁揪了起来。虽然我的人生中经历过无数次别人未曾经历过的痛苦，却万万没料到会再次经历这种肉体上的劫难。

当时帮我治疗的医生都说，我能像现在这样自由活动几乎是奇迹。因为事发当时伤口长达十一厘米，深度也很深，不幸中的大幸是刚好避开了颜面神经。幸好被美工刀割下的瞬间刀片有偏斜，要是直线割下去的话，颜面神经绝对会受损，甚至必须过着一辈子都无法合眼或张嘴的生活。加上伤口不偏不倚，刚好停在再多五毫米就会割到颈动脉的地方，说真的，要是再长那么一点点，我就很有可能在三分钟内立即身亡。

发生在我身上的奇迹还不止于此。当时非常幸运的是事发地点就在医院附近，且刚好那个时间点手术室也有空位，再加上这一领域的韩国权威医师卓官哲博士也及时赶回医院亲自指导手术，只能说一切都非常凑巧。

面对生死关头的那天，距离现在不知不觉也有一年的时间了。经历过那件突袭事件之后，我开始认为接下来的人生是上天赐给我的人生，既然他没有将我的生命夺走，想必一定还有我未完成的事情，自然而然地也就看淡了人世间的得失。

这样说长不长说短不短的人生，在2006年5月落下了第一幕。在那次捡回一命之后，我动起想要整理过去人生的念头，站在新人生的出发点上，将过去的回忆通过文字留存下来。

从那时起，一个个亲笔记录下来的故事，如今已累积成一本书的分量。其间在我身上也发生了一些变化：在地方选举中取得了压倒性的胜利，也交出了由我带领了两年三个月的大国家党党代表职位，现在则朝着另一个新的目标努力迈进。

在经历过这么多变化之后，自始至终从未变过的只有当初决定从政时，决定未来人生不再属于自己而是属于国民的决心，以及未来只专注于国民与国家的意志。

带着当时的初衷以及不变的约定，我终于完成本书。这本书是我的过去也是现在，更是我对未来不变的承诺。

2007年初夏　朴槿惠

1. 某个阳光耀眼的夏天与家人在海边。

2. 喜欢韩服的母亲在节日时总会为我们准备韩服。

3. 没有任何时间比和家人团聚的时光更珍贵。

4. 害羞的志晚在青瓦台庭院玩耍并躲到我背后。

1. 沉溺于学习的快乐使我一直保持优良的成绩。

2. 出国时朋友经常为我送行。

3. 每当木莲花盛开时总会想起母亲。与父亲在木莲花下。

4. 两条辫子的少女时期的最后一天。圣心女高毕业典礼。

第一部

住在有大庭院房子里的孩子

住在青瓦台是一件非常特别的事情，

因为这不是人人都能有的经历。

或许身为总统的女儿，多少可以享受某些优待，

但对于当时年纪还小的我来说，

青瓦台的生活并不全然美好。

在那里的生活反而充满许多禁忌。

从小母亲就对我们耳提面命：

“不可以向别人炫耀你所拥有的东西。”

有时会怀念那充满好奇心与梦想的少女时期。

青瓦台，庭院宽广的家

还记得从奖忠体育馆对面山顶上的议长官邸搬到青瓦台的那天，天气非常寒冷。母亲从几天前就开始忙着收拾勋章、钢盔、旧军靴、地图等满载着父亲的回忆的物品以及家里人都用顺手了的一些东西。家里全部清空并打扫干净后，母亲又叫人买了一些米和煤炭，将米缸和煤炭库填满。

"您都要搬走了，还买这些做什么？"旁人问道。

母亲回答："这些是要留给接下来住进来的人的。"

自从父亲当上国家再建最高会议议长之后，住在议长官邸里的那段时期里母亲终日繁忙。官邸总是有很多客人来访，虽然我和弟弟妹妹的生活与过去住在新堂洞时并没有太大改变，但母亲却每天从早忙到晚，一刻也不得空闲。

当时还年幼的我们，常常会因为和母亲的相处时间被剥夺而哭闹，但在我的记忆中，母亲却从未对任何人显露过疲惫或不耐烦的神色。现在回想起来，当初从新堂洞搬到议长官邸，我们的生活发生了极大的转变，再加上母亲还要照顾我们这三个儿女，她应该处于身心疲惫的状态才是，但她却可以一直

虽然环绕在青瓦台四周的高墙令人心烦，但宽敞的草地是我们三姐弟最棒的公园。

保持笑脸迎人。

搬家那天，天气冷到双脚发麻无法站直，却丝毫不影响我和槿令、志晚三剑客满心期待要搬进青瓦台的兴奋之情。

“会是什么样的房子呢？”

“那里也会有很多客人吗？”

我们不停地叽叽喳喳着讨论，尽情发挥想象力。就在抵达青瓦台的那一瞬间，我们三个人都被那巨大的庭院征服了。看到那么宽广的庭院，志晚马上兴奋地表演起踢球动作。

“哇！这里可以带朋友来赛跑呢！”

下车后弟弟和妹妹迅速奔进屋子里，四处探寻张望。

“哇，好大，真的好大。好适合玩捉迷藏！”

看着他们跑上跑下的样子，连我也忍不住兴奋地跟着跑到二楼去。

然而，不久之后，因为上学走读的问题，我和槿令被送回新堂洞的外婆家。当时我就读的是奖忠小学，距离青瓦台太远，若走读的话，就需要开车接送。

当时汽车还不是那么普及，母亲担心小孩乘车上学会招人说闲话，也担心我们从此以后会有特权意识。父母总是希望我们健康平凡地长大，而不是成为备受瞩目的特殊存在。

当时公交车也很少，在没有合适的交通工具的情况下，母亲经过一番深思熟虑后，决定把我和槿令送到外婆家住。志晚哭闹着不要跟姐姐们分开，但仍改变不了父母的决定。所以一直到我上中学前，我和槿令都是与父母分开，住在外婆家的。

在我进圣心女中那一年，槿令转学到青云小学就读四年级。一个人在青瓦台没有朋友，整天抱怨很无聊的志晚，也进了附近的幼儿园。因此，我们一家人终于又可以团聚了。

我是属于睡觉时对声音特别敏感的人。还记得小时候，每天早晨都会听到母亲叫弟弟妹妹起床的声音。叫醒他们后，母亲会小心翼翼地探头进我的房间。

“槿惠已经醒啦？梳洗好到饭厅吃饭哦。”

开关房门的时候，早间新闻的声音会传到安静的房间里来。每天早上收听早间新闻和时事节目是母亲长久以来的习惯，就连搬进青瓦台后，她依然还是以打开半导体收音机作为一天的开始。

其实青瓦台的生活和以往没有太大差异，最大的不同就是青瓦台的房间非常多，所以我们都能拥有自己的房间，而父母也有了他们的办公室。

穿过玄关和走廊爬上阶梯到二楼后首先是客厅，这里通常是父亲用餐或家人聚会的场所。客厅的左边是母亲的办公室，右边是父亲用来写作或阅读的书房，再往里走则是我们三姐弟的房间。

虽然每个房间都有“客厅”、“办公室”或“儿童房”等专属室名，感觉好像很华丽，但其实我们所使用的物品都很简朴实用，如同母亲质朴的性格，找不到任何华丽贵重的家具摆设。

对我们孩子而言，青瓦台是个无趣的地方。当时我已过了和同侪一起去漫画书店看漫画的年纪，但槿令和志晚正值喜欢尽情穿梭在小巷玩到太阳下山的年纪，所以他们总是会嚷嚷着要和朋友一起玩耍。

军绿色裤子的回忆

“你爸爸不会很可怕吗？听说军人都用门牙拔钉子。”

有一天朋友看到穿军装的父亲问道。记得当时我茫然地与朋友四目相望了好一阵子，接着扑哧笑了出来。

“你听谁说的？我爸爸从来没有用牙齿拔过钉子！”

当时战争刚结束，南北分裂，对峙特别强烈。在我的眼里，父亲是保卫国家的正义使者。穿着军装的父亲对年幼的我来说，比电视上任何一位明星都要帅气，也和其他穿西装上班的爸爸不同，所以相当引以为傲。每当看到母亲把用心擦得雪亮的军靴放在槿令或我的鞋子旁边时，就会有一种被军舰守护着的安全感。

但拥有一位身为军人的父亲，也有不好的地方。我对绿色军裤的记忆尤其深刻。从前母亲总会把父亲的旧军裤改小后给我穿，短短的西瓜皮发型加上军绿色裤子，看上去相当老土。我非常讨厌穿那条裤子，有时候还会闹脾气不穿，但这样闹脾气对向来勤俭的母亲来说一点也不管用。

忙碌的父亲经常不在家，这也是我的一大不满。虽然父亲在家短短的那一两天，都会对我们很好，但我还是会因为无法经常见到父亲而感到难过。其实我在三姐弟中和父亲相处时间已最长，但连我都会感到寂寞，弟弟妹妹会哭闹也是很正常的事。母亲总是努力弥补父亲的空缺，她一有空就会告诉我们父亲为何无法常常陪伴我们，提醒我们他其实有多爱我们，也会提起谈恋爱时的父亲有多么温柔体贴。每当我们想念父亲的时候，母亲总会让我们写信给他，并在睡前将父亲的回信念给我们听，让我们感觉父亲好似就在一旁陪伴我们入睡。

我记忆中的母亲，总是早晚不得闲地忙碌着。放学一回家，她总会将预先准备好的地瓜或炸海带塞进我们手里作点心；冬天会织毛帽、围巾和手套给我们。我几乎没有看过母亲睡觉的样子。偶尔深夜起床喝水时，会看到母亲专心地在记账，或写信给远在军队的父亲。有时清晨醒来，看到的也总是母亲已经折叠整齐的被子以及她在厨房昏黄的灯光中忙碌的身影，耳边传来轻快的切菜声，我回头确认墙上的时钟，一如往常又是清晨五点钟。

冬天来临时，母亲会将我们觉得味道好臭的大酱块放在靠近厨房的角落；秋日的阳光下则晒着辣椒与白菜帮，家中也种植着豆芽菜，还在装苹果的纸箱里加些土壤，种植葱或辣椒来吃。

父亲常常不在家，家里的维修工作都是由母亲一手包办。她会亲手修理嘎嘎作响的衣柜门，拉门拉起来不顺时就在门框涂上蜡烛油润滑。任何问题只要经过母亲的巧手就能解决，破旧的东西也能整理得焕然一新。看着那样的母亲，我感到神

因为和母亲在一起所以更开心。于东大门溜冰场。

奇。“我的母亲什么都会”的想法，让我觉得无比自豪。

记得在某次访谈中，对方问起：“家里需要男人时该怎么办？”那一瞬间我不自觉地反问：“什么事情需要男人帮忙？”我想或许就是因为从小看着母亲什么事都能一手包办的缘故吧。现在的我也和母亲一样，几乎所有家事都是自己一手包办。像换灯泡、用螺丝起子修理松脱的门把，只要有工具箱，家里的任何东西都能轻易被我修好。看来是传承了母亲自己动手修理东西的手艺，现在那些技巧也都派上了用场。

比起小孩子都喜欢的生日，我们三姐弟反而更期待父亲休假。除了可以吊在父亲手臂上撒娇外，还能去三四个月才去一次的烤肉店吃晚餐，对我们而言父亲的休假日是非常特别的日子。

像这样难得一次的外食，是父亲为了犒劳母亲一人扛起家事所准备的贴心礼物。但记忆中，因为久违的肉食，我和弟弟妹妹总是争先恐后地吃肉，母亲却只是忙于烤肉给我们吃。看不下去的父亲会对母亲说：“别只顾着烤肉，你自己也要吃啊。”母亲则回答：“我早上好像吃撑着了，消化不良。”边说边把肉又推向父亲。小时候不懂事的我，在外用餐时看母亲总是不碰肉，还以为她不喜欢吃肉或不喜欢外食，竟然天真地自顾自地开怀享受在外用餐的机会。

不久前在广播节目中听到一首歌的歌词：“母亲说她不喜欢吃炸酱面……”不禁让我想起嘴上一边说着“消化不良”一边把肉放到我碗里的母亲，一阵心酸油然而生。

从孩子王到青春期少女

小学时期我特别爱读战争题材的历史小说，每次读大仲马的《三个火枪手》总是既紧张又兴奋，读过的次数数都数不清。剑客们所展现出的义气，尤其是为了正义不惜性命的三剑客与充满勇气的达达尼昂，他们的故事让我满怀兴奋，至今记忆犹新。

父亲似乎很喜欢我的阅读品位，某天他递了一本《三国志》给我并对我说："这本书可能有点难，但我想槿惠你会喜欢。"自从收到父亲送我的《三国志》之后，我仿佛遇见了一个全新的世界，就连上课时也想赶快奔回家看这本书。随着对书越发沉迷，自然也开始喜欢起了几个角色。我尤其欣赏赵云，现在回想起来，甚至怀疑自己的初恋对象会不会就是赵云，因为每次只要他一出现，心中就会不自觉地小鹿乱撞。

"槿惠你最喜欢《三国志》里的哪个角色啊？"

某天父亲问我这个问题时，我毫不犹豫地答道："赵云。"

像这样的阅读偏好，在玩耍时也直接体现出来。当我沉迷

我们三姐弟最爱的游戏就是堆雪人。

每年植树节都会与母亲一起种树。

于《三国志》的时候，经常和朋友们调皮地以树枝当剑来玩。

住在新堂洞的时候，我常和小区的朋友们玩丢沙包、捡石子、跳橡皮筋、捉迷藏等游戏，当时因为好胜心强，每次我都全力以赴。为了当上捡石子冠军，还会和槿令在家里事先练习，甚至为了跳橡皮筋时能撑到最后，会一鼓作气跳到整个脸颊涨得通红为止。在那个时候，只要擅长玩丢沙包、捡石子、跳橡皮筋这三种游戏，就可以成为小区里的孩子王，而当时的我绝对具备了这样的资格。

如此好动调皮的性格是在搬进青瓦台后才开始变得安分的。就读圣心女中一年级时，我在学校宿舍住了一年，自然而然地学会了遵守纪律及与人和睦相处。通过与朋友们一起分享好书的方式，也改掉了以往阅读偏食的习惯，进而接触到各类书籍，思想的深度也变得有所不同。但是让我从一个调皮鬼蜕变成稳重少女的关键因素，是在父亲当上总统之后，母亲对我们言行举止格外严格的要求和教育。

平时的母亲虽然很慈祥，但孩子们一旦犯错就会毫不留情。她总是强调责任感和谨慎，装病和撒娇对她一点也没有用，哪怕是非常小的错误，只要我们不真心认错，她就会严厉地责骂我们。

现在回想起来，母亲真是个了不起的老师，我、槿令和志晚即使心有不满，也很容易被她说服。母亲那公平且没有丝毫动摇的一贯性原则，使我们对是非黑白有着很清楚的认识和区分。

“成绩好坏没有关系，重要的是每时每刻都要心术正直。”

母亲对品格教育的意志和信念非常坚定，小时候多亏她对我们的教育，让我们得到了人生中最珍贵的财产——关怀。对人的关怀，其实也是对人的礼仪。

别人送的贵重文具用品，母亲也不轻易允许我们使用。有一天，槿令发现一个可以拿来当鞋袋用的漂亮彩色袋子，她非常高兴，想要在第二天上学时使用，但母亲坚持要她带平常用的鞋袋。

“你现在用的那个也很好了，有必要用其他同学没有的东西吗？”

母亲的言语暗示有些同学甚至连普通鞋袋都买不起，要我们懂得自爱知足。她时时刻刻都在叮嘱我们：

“就算父亲是总统，我们也不会有任何改变。总有一天还是得回到新堂洞，不可以因为住在青瓦台就有优越意识，别忘了这里只是暂时借住的地方。”

住在青瓦台的时期，母亲的教诲深深刻印在我心里。善待他人却自律甚严的母亲，希望我们三姐弟也要像她一样严于律己宽以待人。从住在新堂洞时起，早上母亲会让我们尽情玩耍，但到了晚上，总会要求我们写日记，进行一天的自我反省。

我依照母亲的教导，从小学开始培养出每天写日记的习惯。每天记录当天做得好与没做好的事情，并将需要改进的缺点不仅写在日记里，也会另外记在其他的笔记本上。这个方法有助于改掉不好的习惯。虽然得花一些时间才能改掉，但就像咬指甲的坏习惯无意间被自己戒掉一样，我会将已经戒掉的坏习惯用红笔划掉，并在这样的过程中得到成就感。

之所以能养成这些好习惯，要归功于母亲对我的影响。我很尊敬父母，母亲尤其是我的偶像。对每件事情都思虑深远，和善又带有自信的母亲，是我从小崇拜的对象，我的青春期就这样在仿效母亲的生活中度过。

父亲是浪漫诗人

我在父亲三十六岁、母亲二十八岁的时候出生，因为是稍晚年纪生下的第一个女儿，所以两位对我疼爱有加。

父亲下班后会与母亲一起帮我洗澡来消除一天的疲劳。为了看我笑眯眯的脸，不时还会做鬼脸引起我的注意，但我总是哭得惊天动地，几乎连天花板都快掀掉，让两人不知所措。每当这个时候，父亲就会连忙跑到隔壁房间拿出相机，开心地拍下我哭的样子。一直到我周岁时，父亲都会把我的成长过程，亲自用照片一一记录下来。

据母亲描述，年轻时的父亲是位浪漫派的男子。看着当时因为我整天哭闹而累到睡着的母亲，父亲还会在出门上班前把写给她的情诗偷偷放在桌上。年轻时的父亲以现今年轻人的话来比喻，就是个“肉麻”的爱妻男。

母亲的娘家相当富裕，是忠清北道玉泉第一户拥有汽车的人家。外公的事业相当兴旺，母亲从小被称为“校洞[①]小

① 地名。

姐”。母亲原本想念大学，但因为当时外公对女性教育持保守观念，反对她念大学，最终毕业于培花女子高中并在学校担任过短暂的教师工作。一直到婚前，母亲与外婆一起掌管着大家庭的生活，并协助外公的事业。

就在周围的人开始担心母亲婚期已晚时，有一天在情报局上班的堂舅积极地对外婆推荐我父亲：“他是我大邱师范大学的学长，为人清廉刚正，现在是军中的少校。”虽然当时“6·25”战争才刚发生不久，家人都躲到釜山避难，处于情势混乱的时期，但对外婆来说，年届婚期的女儿更使她操心。后来在外婆的积极促成下，两人在影岛租住的房子里相了亲。母亲说她第一次见到前来拜访的父亲时，心里就有了某种预感。后来接受某家媒体采访时，母亲描述了当时对父亲的印象：

“当时他脱军靴的背影看起来非常可靠，虽然一个人的长相可以骗人，但背影是骗不了人的。见过几次面之后，我更深信自己的直觉没有错，他是个朴素又值得信赖的深情男子。”

母亲对父亲一见钟情，但外公不太满意父亲，不愿将宝贝女儿嫁给一个贫穷的军人，母亲不顾外公的极力反对，还是坚持和父亲结了婚。

婚后，父亲一直对母亲当时愿意相信连一栋房子都没有的自己感激在心。母亲经常讲述他们年轻时的故事给我和槿令听。她说虽然嫁给了一个薪资微薄的军人，但即使住月租房也感到很幸福。尤其母亲去父亲宿舍那天的故事，更是浪漫动人。

1951年1月，婚后不久，中国军队再次袭击首尔，民众又开始往南避难，当时情况非常紧急，但母亲为了见父亲一面，不惜冒着生命危险前往探访。当时父亲的军队驻扎在旌善，母亲为了避开对方军队出没的地区特地绕道来到了驻军处。父亲通过通讯兵，在前一天已经得知母亲要来的消息。他努力压抑兴奋的心情，以淡定的神情迎接母亲。那天晚上一进父亲的宿舍，母亲看到房里折好的干净被套和枕头套，感到十分惊讶。因为当时住在居民避难而搬迁空出的一间小民宅里，她以为寝具会不齐全，没想到竟有一套干净的被子。母亲压抑住内心的害羞小心翼翼地问道：

“是谁把被子精心整理得这么干净？”

父亲只露出害羞的笑容，没有回答，但那个笑容仿佛已承认是他做的。

“在战备情况下，你们父亲一定无法托人整理被子，但想必他也不愿让不顾危险前来找他的妻子盖上肮脏的被子。只要想到他花了一整晚，用那不纯熟的技术将被子的破洞缝补起来的样子，我就会觉得很窝心。”

母亲说着，嘴角露出了一抹温柔的笑容。

“身为穷苦军人的妻子，物质生活很艰苦，但有你们父亲贴心的照顾，我一点也不委屈。以后槿惠和槿令在找结婚对象的时候，第一个条件就是要找靠得住的男人。两个人若能以真诚的心相处，那就是最大的幸福。”

当我和妹妹问起母亲与父亲的相遇时，她回忆着当时的

真希望能再见到两位在一起的画面……

情况，告诉我们选择对象不能以金钱或外表来衡量，而要以信任与信赖为优先考虑。

“现实条件是很容易改变的，只要两人互相信任，再大的困难都一定能克服。”

这同样也是母亲选择的生活。

母亲有一只小盒子，一直放在衣柜上面，里面装的都是父亲写给她的信，他们往返的信件数量足以超出一只盒子的容量。两人结婚时刚好是战争时期，没能去蜜月旅行。举办完结婚典礼之后，父亲要回军营，但心里总是挂念着远方独自一人的母亲，所以时常拜托前往大邱的通讯兵把信交给母亲。每当有信送达时，一旁的艺秀阿姨就会打趣地说：“哎呀，又是情书啊！”母亲则会袒护父亲说：“这是既体贴又有男子气概的信呢。”

当战况对联合军有利时，父亲从中校升到大校，跟着军队待在江陵。那是母亲第二次探访父亲，一路经过大邱、浦项、盈德、蔚珍、三陟、墨湖到江陵，见父亲的路程如此遥远艰辛，可想而知母亲当时的心情有多么渴望期待……

记得父亲曾说过母亲住在江陵的那一个星期，是他一生中最幸福的时刻。

两人经常沿着春风吹拂的镜浦台海岸散步，父亲会捡起贝壳送给母亲，不时也会紧紧握住她的手。母亲当时非常感动，心里想着：“原来他也有如此温柔的一面。”

从江陵回到大丘后不久，父亲寄来了一封信，里面写着一首诗：

春三月素描

樱花凋落　海鸥飞翔
似镜的湖面上　独浮一叶独木舟
靠在镜浦台栏杆的英[1]与我
老松亭亭　亭子玉立
绣上美丽桃花
古人问道这是镜浦台否

那是东海这是镜浦

---

① 这里的“英”指朴正熙的妻子陆英修。

雪白沙滩　青绿松树　海鸥飞翔
春三月过得漫长　不晓日子怎么过

微风煦煦　湖水平静
对面春天沙滩上海鸥飞翔
我俩一同划桨前去

1951年4月25日

母亲说每当读起这首诗，就会想起新婚初期，甜蜜开心的回忆。小时候母亲也曾在我们面前背诵这首诗，那时槿令的双眼特别闪亮，看得出来她完全沉浸在母亲的爱情故事里。

我在法国留学时父亲也经常写信给我，信里会详尽地描述家人近况。父亲的信就像散文般优美，那时的我天天期盼着父亲的来信。

比起口头倾诉，他更常以图画、诗或书信来表达对家人的爱。虽然外表看来冷静严肃，父亲在内心其实是非常浪漫的一个人，还会亲自画母亲的肖像画送给母亲或用写诗的方式来表达心意，是一个非常温柔体贴的男人。

母亲的朴实教育

不同于给一般人的刚硬的军人印象，父亲对待家人特别温柔，有空就会写诗作画送给母亲。某个夏天和家人度假时，父亲在车上画了志晚的素描，当时的情景至今还历历在目。

“这是志晚的后脑勺，怎么样？是不是挺像的？”

全家人看了那幅画后哈哈大笑。虽然父亲没有流露，但他对志晚尤其钟爱。年纪最小的志晚是我们全家的宝贝，我和槿令从小对志晚也疼爱有加，两姐妹还会彼此吵着要照顾志晚，暗暗把对方当成竞争对手。志晚从小聪明又乖巧，很喜欢笑，经常赢得周遭人的喜爱。在青瓦台拘束沉闷的生活中，小志晚扮演了为我们带来活力的角色。

槿令艺术天分出众，从小就具有独到的审美观。我则因为身为长女的义务和责任感，成了典型的模范生。槿令是个有创意的女孩，相对地也较渴望自由，在三姐弟当中，尤其槿令最受不了青瓦台充满制约与限制的沉闷生活。

打从搬进青瓦台前住在议长官邸时，我们三姐弟就几乎

借戴父亲的墨镜仰望夏日的烈阳。摄于猪岛。

没有什么玩具，父母也很少送玩具给我们，原因是即使没有玩具，也有足够的空间供我们跑跳玩耍。年幼的志晚，唯一的玩具就是一只足球。有一回亲戚在美国买了一只上发条就会自动走路的小狗玩具送给我们，我们三人好奇地聚在一起拿着它玩了一整天，母亲却忧心忡忡地看着这样的我们。那时在她身边的秘书说：

“何必为了小朋友拿一两个玩具玩而担心呢？”

但母亲坚持：

“那并不是随手可得的玩具。拥有别人没有的贵重东西，对孩子的教育并无益处，即使没有那种玩具，我们家的孩子也已经有了一大片可以尽情玩耍的院子啊。”

接着她又补了一句：“要是大家听到议长家没有玩具的传闻，一定会有很多玩具送上门，但要是他们听到穷困的家庭没饭吃也会这样热心吗？很多人都爱趋炎附势，所以请您千万不要跟别人提我们家缺玩具这件事。我并非舍不得花钱买玩具给他们，而是比起新堂洞的家，这里已有更宽敞的院子可供他们玩耍，所以贵重的玩具对他们而言只是不必要的奢侈品。”

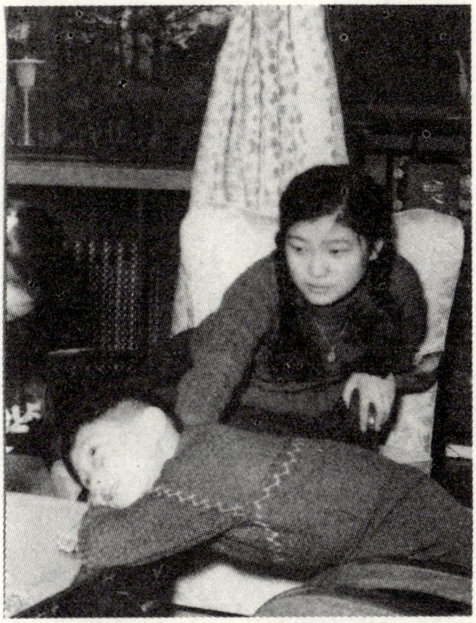
顽皮捣蛋的志晚是我们家的活力来源，也是珍贵宝贝。

即使没有玩具，我们也玩得很开心。志晚经常不分场合地用玩具气枪、射箭、摔跤来逗大家笑；到了晚上，就会乖乖待在姐姐们旁边在素描本上画画。我们三姐弟常会比赛谁画得好，并邀请父亲当评审，这时志晚就会先画好父亲的脸硬说自己是第一名。其实他只是把父亲的脸画得大大的，再加上歪歪的眼睛、鼻子、嘴巴而已。看着那幅画，全家人不知该说些什么，笑得前俯后仰、乐不可支。

有一天出门上学时，外头下着倾盆大雨。我撑着伞踏出大门，没想到雨伞竟被风吹翻了，只能无奈地跑回去告诉母亲雨伞坏了，于是母亲帮我拿了一把新的塑料伞。那时站在一旁的事务官跟母亲说：“风雨这么大，塑料伞一下子又会被吹坏的，今天就让槿惠坐车上学吧。”结果，母亲用“槿惠你可以自己去吧？”的眼神看着我，我大声地说了一句“我去上学了”，就抬头挺胸地踏出了大门。

过了不久，身子虽然被雨淋湿了，但穿着雨靴的我开心地用脚踩着地上的水，甚至忘了上学的时间。走到学校附近时，看到越来越多前来上学的同学，大家撑着雨伞在街上排成了一支长长的队伍。一进教室，每个人都手忙脚乱地忙着挤干衣服上的雨水，热闹极了。

要是当时母亲答应让我坐车，或许可以比其他同学更舒服地上学，但我就无法体会与同学打成一片的乐趣了。母亲坚持要我与其他同学一样过平凡的学生生活，而她也确实这么实践了。

虽然我们住在人人羡慕的议长官邸，却没有任何值得让其他小朋友羡慕的特别东西，日子过得非常简朴，就连搬进青瓦台后也不例外。对小时候的我们而言，青瓦台反而是一个处处充满限制的痛苦地方。

身为总统的女儿

住在青瓦台是一件非常特别的事情，因为这不是人人都能有的经历。或许身为总统的女儿，多少可以享受某些优待，但对于当时年纪还小的我来说，青瓦台的生活并不全然美好。在那里的生活反而充满许多禁忌。

从小母亲就对我们耳提面命："不可以向别人炫耀你所拥有的东西。"在那个生活困苦的时期，总统女儿的身份是一张危险的名片，一个不注意就很容易让我们产生特权意识。

就读于圣心女中的某一天，几个好朋友到青瓦台来，有个朋友看过客厅和我的房间后，一脸失望地说：

"什么嘛，和我家没什么两样，我还以为会布置得像公主的房间。"

每当午餐时间，朋友们都会以为我的便当菜色应该有所不同，常常会偷瞄我的便当，但其实和同学们没有两样。掺杂着大麦的杂粮饭、蛋卷、蜜黑豆、萝卜泡菜，就只有这些。

我入学的时候，圣心女中是修女经营的学校，校内有学生宿舍。母亲认为我需要集体住宿经验，因此让我离开了青瓦

父母亲希望我们成为怀有远大抱负的人。

台，在学校宿舍和同学们一起生活了一年，当时的生活过得非常愉快。

那时，好几个人睡在同一间房间里，每一张床都用帘子分隔开来，偶尔我们还会瞒着修女偷偷吃宵夜聊天，也会互相传阅言情小说，很多次修女们也都睁一只眼闭一只眼。

升二年级的时候，学校为了扩大教室规模决定废除宿舍，因此我重新搬回青瓦台，过着搭电车上学的生活，每天一早都要搭乘从青瓦台经过孝子洞到元晓路的电车。

这件事情后来在电车车长间传了开来，有人开始留意每一位圣心女中的学生，猜谁是总统的女儿，非常有趣。

有一天，车长看到我身上别着圣心女中的校徽，靠过来问道：

“听说你们学校有总统的女儿啊？”

“是。”

“听说她都搭电车上学放学，那是真的吗？”

“好像是。”

“她长得漂亮吗？”

“不清楚。”

“那功课好吗？”

好胜心强的我每次体育课就会显露调皮本性。高中时期教师节运动大会。

“听说好。”

“她多高啊？”

“应该跟我差不多。”

我装作不知情地回答，心里暗自紧张深怕有人会认出我来。

那天回家吃晚餐时提到了早上上学时发生的事情，大家笑成了一团。父亲和母亲虽然在笑，但是从两人的眼神看得出来他们很庆幸大家认不出我，而母亲更是称赞了我机智的回应。

春、夏、秋、冬……季节更迭，住在青瓦台的日子一天天地过去。搬进青瓦台后，家里人最遗憾的就是无法经常吃到母亲亲手做的菜。母亲为了当好称职的青瓦台女主人，工作量几乎和父亲差不多，每天都过得相当忙碌，青瓦台的人们甚至为母亲取了一个“申闻鼓[①]”的绰号，因为她会亲自检查每一封信件，而且还会悄悄地到处走访视察。

母亲必须同时扮演好几个角色，还要负责青瓦台的菜单，所以亲自下厨的时间相对减少了。但只要是全家人聚在一起的假日，她仍会亲自下厨做晚餐。春天就煮艾草汤或荠菜汤，夏天则做凉面，每晚帮我们准备点心也是母亲的重要工作之一。当我读书读到深夜时，她就会亲自榨杯蕃茄汁或准备一两块年糕配上菊花茶之类的传统茶点给我。

在新堂洞时父亲总是以母亲的厨艺为傲。有客人来访时，母亲会去海鲜市场买新鲜的鱼回家亲自切生鱼片，也会做猪血肠或药食[②]分给邻居一起吃。吃过母亲亲手料理的食物的人，都会对其赞不绝口且难以忘怀。每当母亲晚餐端上她亲手制作的水饺火锅时，父亲就会吃得津津有味，让她非常开心。

正因母亲忙得不可开交甚至连饭都无法好好吃，所以家里没有人会再吵着要母亲像以前一样天天做好吃的菜给我们吃。

“丈夫的错误，有一半是妻子的责任。”身为青瓦台的女主人，母亲的使命感非常强。还记得有一天，陪同母亲到海外巡访的一位秘书说道：

“海外巡访时有时要站上一整天，工作到很晚才能回到宿舍，脚会肿得很厉害，当时我们国家的国产皮鞋弹性没那么

---

① 古代供百姓鸣击申冤的大鼓。

② 一种韩国特有的饮食，在糯米里加入各种谷物或豆类，并用屉子蒸熟食用。

好，隔天要穿上硬邦邦的皮鞋是一件非常伤脑筋的事。有一天总统夫人的脚肿得非常厉害，我说要找一双舒服的皮鞋给她，结果她一口回绝说：‘万一传出去说韩国产皮鞋质量不好怎么办？’就这样每晚靠着冰敷来消除脚肿，从未将她的辛苦显现出来。”

母亲从不在国外购物，父亲和母亲从国外巡访回来，也从未送过任何礼物给我们。母亲的行李顶多是多了几把汤匙，她唯一的嗜好就是搜集世界各国的汤匙，这些汤匙也成了青瓦台内极佳的展示品。母亲考虑到她的一举一动会影响到国家形象，所以对自己的管理相当严格。

到了高中，母亲成了我心目中理想的女性形象。要是她的言行与教育我们的内容不一致，在青瓦台度过青春期的我想必会感到非常混乱。当时许多人关注着我们一家人的举动。生活在各种规矩下，随时被别人注视着生活，终究是件让人感到窒息的事情。“总统的女儿”在他人眼中可能是个公主，但对当事人来说，却也有可能是牢笼监狱。

母亲不受周遭的环境影响，尽力让我们能在平凡的环境下成长，也多亏她这样的教育方式，才能让我安然地度过容易彷徨的青春期。

首次登上外交舞台

有一年旱灾非常严重，父亲日夜担心灾情。有一天，晚餐时他提起农作物全部枯萎一事，告知今年将会比以往任何一年都还要辛苦。

母亲的脸色也不是很好。我们家早晚餐桌上的话题都与社会现状有关，父亲和母亲会彼此交换关于经济、社会、国防、文化等多方面的意见，要是谈到像达成出口目标或国家队选手在亚运会得了金牌这样的好消息时，大家都会非常开心。

父亲偶尔会问："如果你们是政府某个部门的长官，会实施什么样的政策？"

年幼的志晚会回答："我要当科学部长，制造机器人。"引得父亲哈哈大笑。

通过和家人的"饭桌谈话"，我自然而然地学到了很多东西，不但对各方面事物产生兴趣，也会因此去思考、研究，并且在这样的过程中培养了爱国之心。不知从何时起，只要父亲担心旱灾，我就会祈祷下雨，变成了一个为国操心的小大人。如今回想起来，要是能有一两个符合当时年纪的鲁莽行为的回忆也不错，这点倒是有点遗憾。

青瓦台经常有各领域的专家前来拜访，我偶尔会坐在一旁听他们与父亲谈话。每次专家回去后，父亲就会问我关于他们所讨论内容的意见。

某天父亲问我关于大学专业的问题，我回答想读电子工程，父亲问我原因，我说："上次来青瓦台访问的一个博士提到'小小一个半导体就值二十到三十美金，一个007皮包的分量就是几万美金，我们韩国应该要拼电子产业'。因此我想成为产业的主力人才为国家做出贡献。"

平日希望我能上历史系的母亲被我这番话吓到了。

"那么难的书要怎么读呢……"

心疼我的母亲接不下话，但父亲跟母亲不同，或许他很早就有心想要把我培养成专业人才。

"这个想法很棒，爸爸相信只要是你，一定可以达成梦想。"

从那天起，父亲开始给我许多机会让我见识更大的世界。在一次对澳大利亚和新西兰的公开访问行程中，父亲没有事先告知就在参加者名单上填了"朴槿惠"的名字，那次经验对我来说，是一场新鲜且震撼的教育。

童话中才会出现的澳大利亚与新西兰住宅让我印象非常深刻。每间房子都是白色的屋顶配上大大的窗户，美丽的庭院里种满了花草树木，家家户户的树上结满了诱人的果实，干净的庭院里开满了花，象征着这个国家的富裕。傍晚散步的人

澳大利亚的富庶让我产生希望与斗志，期望我国也能像他们一样富裕。在澳大利亚与少女们合照。

们，脸上都带着悠闲的笑容。

看着和我们截然不同的国家过着悠闲又富裕的生活，我彻底体会到为什么我们国家要大力发展经济。看着他们光鲜亮丽的景象，我相当羡慕那些已经摆脱贫困的国家。

“不能一直当井底之蛙”的想法，瞬间燃起了我的斗志，“要赶紧超越他们，让我们国家也能享受富裕的生活”。就这样，我怀抱着自己国家将来也会富庶的希望和理想回国了。

上了大学以后，我突然有了个出国访问的机会。1972年10月，西班牙来信邀请我国参加油轮的试航典礼。与我国合作的GULF公司完成油轮制造后邀请了母亲，但因母亲忙碌的行程已排不出空当，所以决定由我来代替她参加。

在还来不及熟悉西班牙这个国家的情况下，我的第一个外交任务就此开始。

萨摩亚群岛的热带风景让我充满期待与紧张。

我在众多的西班牙人面前登台朗读了五分钟的演讲稿，宣布将这艘油轮命名为“天佑号”。以西班牙文演讲完后，热情的西班牙人吹哨欢呼，现场立刻成了庆典场所。

西班牙人果然和传闻中一样热情，处处都是笑容和煦的俊男美女，丝毫不负节庆国度的美名，让我对他们留下了“人民天性开朗又欢乐”的印象。很早以前，我就很想参加西班牙的节庆“奔牛节”。每年7月6日的奔牛节在潘普洛纳市厅前面的广场举行，人们大声呼叫“奔牛节万岁！”的同时点燃巨大的爆竹，就此展开西班牙最著名的庆典。

我是通过海明威的长篇小说《太阳照常升起》认识这个节庆的，这个庆典海明威连续参加了十多年，非常吸引人。当时我表示希望今后能有机会参加这个节庆，感受一下西班牙人的热情和自由，活动工作人员立刻表示随时欢迎我来参加。

三十五年前的“奔牛节庆典之梦”想至今仍未实现，但我对西班牙自由和热情的渴望还保留在内心深处。每次看到背着背包自由环游世界的年轻人，就会重燃起出发的欲望。

次年，夏威夷举办的“韩国移民七十周年庆祝典礼”寄来了邀请函，那次原先也是邀请母亲，但母亲派我代替她前往。那次拜访夏威夷的目的和意义，与过去拜访西班牙时不同，因为是国家层面的活动，所以责任更加重大。秘书们担心我年纪小、经验不足，恐怕难以胜任，但母亲却充满信心地对他们说：

“你们可以放心地相信她，槿惠会做得很好。”

至今我仍然可以清晰地回忆起当时既紧张又期待的心情。那次的典礼是代表我们全体国民出席，不容许发生丝毫失误，是极为重要的典礼，因此需要充分地准备。我不仅阅读了典礼的相关资料，也研究了当地的风俗人情、经济实力、文化差异、重要人士、政治纠纷等资料。

服装也是个问题。我们按照被邀请参加的典礼及宴会气氛，来挑选并搭配服装。衣服、皮鞋、手表、提包等，需要准备的东西还真不少。当时还是学生的我无法全部都买新的，所以我决定在母亲的衣服和饰品中挑选适当的借来佩戴，当然母亲也很赞成我的想法。

母亲布置了一项作业给我，要我想想什么礼物适合送给邀请方。我花了好几天的时间，列出好几项极具韩国特色并有意义的礼物，做成了礼物清单。我以金弘道的画册这类可以弘扬我国文化的艺术品为主，母亲则在一旁仔细观察整个过程，但所有事项全权交由我来决定，这也意味着我必须独自为所有决定负责。

出发的前一晚，我因为睡不着而看书，母亲静静推开房门进来。当时已经接近午夜十二点了，她那时才结束满满的行程，一脸疲惫。

“怎么还不睡呢？”

“有点紧张。”

“不要紧张，你会做得很好，放心睡吧。只要像平常那样就好了。”

母亲对我的信任给了我莫大的力量。

1973年1月12日上午6点10分，我抵达了夏威夷机场，侨胞们的欢迎非常热烈，夏威夷州政府的态度也相当郑重。

在卡哈拉希尔顿饭店举办的答谢晚会，从太平洋区司令官到夏威夷的掌权人物全都到场参加，场面非常热闹。我被邀请为夏威夷参议院开院式的主宾，那是破例的待遇，也是个突发的状况，因此我与随行人员立即忙碌地做起了准备。

在电视直播的现场，我读起了夏威夷参议院开院式的祝贺词。仪式结束后记者们蜂拥而上，问了一箩筐的问题，我用英文一一作答。当我镇定地回答完最后一个问题后，原先担心着我的随行人员，脸上终于露出安心的笑容。

看着电视转播的侨胞们反应也非常热烈。我被邀请到有将近五百位侨胞参加的聚会，一一和他们握了手，看着握住我的手而哭泣的第一代侨胞，心里有种说不出的感伤。瞬间，我想通了一件事——若想报答侨胞们在他乡辛苦付出的心血，就必须让我们国家富强。

回住处的车上，看着窗外华丽闪烁的夏威夷风景，我想起了刚才握手时某位老奶奶那双粗糙的手，她悲伤的眼神中透

夏威夷博物馆馆长亲自为我解说。

露着对祖国的思念。我心想为了他们，大韩民国也要赶紧跻身发达国家的行列。

结束夏威夷的公开行程后，我搭上飞机，离开了夏威夷。那时的心情并不轻松，虽然成功地完成了任务，但我却对留在夏威夷的侨胞感到愧疚。

下了飞机后，看到父亲母亲、外婆和弟弟妹妹前来接机，我先走到父亲面前打了招呼，之后再走到母亲身边。回到祖国、回到故乡的安全感油然而生，眼泪就这样不争气地掉了下来。

晚餐时父亲和母亲问起我对这次行程的感想：

“什么事最让你印象深刻？”

“夏威夷博物馆内有韩国馆，我参观了一下，但展示的东西没有我想象中的多。我觉得要赶紧在国外弘扬我们国家的文化遗产，那些移民到远方的侨民那么辛苦，若不提升我国的形象，居住在当地的国人也会难以抬头挺胸。”

“我们槿惠还会关心到这些啊，看来这次没有白去。”父亲这句话对我来说是非常大的鼓励。

不久之后，父亲定制了一套韩服捐赠给夏威夷博物馆，富有我国传统韵味的韩服从此展示在博物馆里，将韩服之美展现于世。

毫无联谊经验的理工科生

我常被邀请参加大型典礼，就这样自然而然一步步累积了外交经验。

走遍世界各国的同时，我彻底感受到外语能力的重要性，因此开始热衷于学习英语。无论是搭公交车、整理房间、织毛线或刷牙，只要一有空就会背一些含有新单词的例句或听录音带。等到英语能力足以阅读欧内斯特·海明威、威廉·莎士比亚、《塔木德》[①]等原文著作后，对英文学习的饥渴才得到满足。对英语有了信心之后，学习外语的范围更扩大到了法语和西班牙语。

学习他国的语言对我而言，也意味着能够见识到更宽广的世界。语言是提升我生活质量的一种手段，会说他国语言的成就感远远超乎想象。而且透过书本认识从前未知事物的满足感，与美食和新衣服所带来的快乐截然不同，那是不同层次的幸福，因此我也逐渐成为一个沉溺于读书的书呆子。

---

① 记载犹太民族思想结晶的犹太法典，集结许多圣哲之言，是认识犹太民族思想、文化的最佳门径。

跟我同龄的女大学生会互相谈论下课后要一起去听音乐或看电影，尽情享受大学时期的浪漫生活；大部分打工当家教的朋友也会有说有笑地互相比较自己的学生。坦白说我有时会羡慕她们的自由，但必须接受拘束生活的我，只好转而在累积知识上获得新的满足。

我过着平凡的大学生活，如愿进入西江大学电子工程学系，但课业一点也不轻松。为了就读电子工程学系，我从文科转到理科，不只数学，其他科目也必须比别人更加努力。虽然偶尔也会和同学们一起迎着春风赏花，但对我而言，最能让自己专注的时间莫过于上课时间。

男同学们下课后会三五成群一起去喝酒，应该是举办米酒派对吧。虽然有时也会好奇他们的生活，但我依然无法豪迈地在一群男孩中喝酒。当时我才二十出头，正值容易害羞的年纪。

有一天，一个男同学突然靠过来对我说："槿惠，我等一下要去参加游行。"

我对着他离去的背影问道："为什么要去游行呢？"

他转过头，露出一抹微笑说："要去暖暖身。"便离开了。那个语气仿佛是在说"我要去运动"那么平常。

即使参加游行，系里同学也会尽可能不逃课，课堂的出席率很高，上课几乎看不到空位。某次，教授问起一位男同学上课迟到的理由，他回答"刚刚去游行回来"就回到座位上坐了下来。那位男同学的脸上没有参加完游行的紧张感，反而是对于自己上课迟到感到愧疚。

我越来越热衷于系里的课业，几乎投入了我的全部精力。父亲是名人，所以我的大学生活比起其他同学，没有太多的自由空间。总是担心自己要是犯了什么错，会让父母脸上无光，所以习惯保持紧张的态度生活。一般的联谊我从未参加过，也不曾和同学一起在街头逛到很晚，我必须对自己的每一项行为举止负责；也不想引起突发状况让随扈们为难，因为我明白他们的生活既乏味又疲惫。

唯有一次，我大胆摆脱随扈过了一天随心所欲的生活。那天，到了学校后我进教室假装要上课，然后就从后门溜出，前往明洞。在前往明洞的公交车上，我打开了窗户，和煦的春风吹在我脸上，天空中飘着棉花糖般蓬松的云朵，眼前的景色是那么地静谧温暖。

下了公交车之后，随意游走在明洞各角落，脚步轻盈得就像要飞上天一般。不一会儿，中央剧场前的《安妮的一千日》电影海报吸引了我的目光，我毫无计划地买票进场。因为是平日，上午没有什么人，包括我在内的三个观众就像包场一样尽情地观赏电影。电影内容是16世纪都铎王朝的国王亨利八世与王后安妮·博林的故事，看着安妮·博林命途多舛的人生，我的心也跟着纠结了起来。

看完电影后，我走在明洞街上尽情享受着春日的悠闲气氛。从路人轻便的衣裳可以感受到春天的气息，在橱窗看到喜欢的衣服也可以进去试穿。偶尔店员会问：“您好眼熟啊，是不是上过电视呢？”我就会微笑回应：“我是大众脸，经常被说长得像谁。”

明洞路上有很多打扮时髦的人，当时流行喇叭裤、迷你裙，女大学生的青春装扮让我看得好开心，也见到不少背着吉他的男生。

走着走着，我在路旁发现了一间咖啡厅，温暖的阳光从大大的窗户照入，非常温馨。一开门走进去，浓浓的咖啡香扑鼻而来，我挑了窗边的位置坐下，凝望着路上来来往往的人群，每个人都朝着各自的目的地快步前进，看起来非常有活力。春天到了，人们的表情看起来也悠闲了许多。

对面坐着一个貌似大学生的男生正在看书，看来他也跟我一样逃了课。我们四目交接，他先对我露出微笑，我也礼貌地回了一个微笑。咖啡厅里放着莫扎特的音乐，气氛宁静又慵懒。一个人的悠闲时光，对我而言相当珍贵。

夜幕时分，街灯一盏盏亮起，我走进明洞教堂参加了礼拜。正在祷告的人们脸上写满了诚恳的祈愿，我的心也跟着变得虔诚且平静。

出了教堂，天色已暗，该是回家的时间了。虽然是一时冲动，但我并不后悔，只觉得有点对不起为我担心的父母。没在晚餐前回去，想必随扈们应该也非常焦急，我感到很抱歉。做好挨骂的准备后进了家门，父母亲的表情意外地平静，原以为会被盘问很多问题，但大家就像什么事情都没发生过一样，只是平静地用了晚餐。

隔天，我一如往常地前往教室，有个同学靠了过来。

“昨天你去哪里了？看起来随扈的人四处在找你呢。”

我微笑着回答：

“你看过《安妮的一千日》吗？”

他一副“你怎么突然说这些”的表情。

“昨天我去看了那部电影。”

此时同学一脸恍然大悟，露出了“现在我懂你意思了”的表情。

“槿惠，下次不要自己一个人去，我们一起去。这么好的天气一直待在教室里有点闷。”

我们就这样聊着聊着走进了教室。

从那之后再没有特别的事件发生，日子过得很平静。随着待在实验室的时间越久，我也渐渐有了理工科学生的样子，常常为了等待实验结果出来而晚回家，有时丝袜还会沾到强烈的化学药剂而破洞。

“槿惠，看来丝袜要补一下了，破了个大洞呢。”

系里只有两个女生，所以时常会被这么调侃。类似的事情经常发生后，我也渐渐与男同学们变成了好朋友。

偶尔我也会和朋友们一起去学校对面的音乐茶吧聊天，但男生抽烟的味道实在令我难以忍受，学校前的茶吧和现在的咖啡厅气氛不同，店家的灯光昏暗犹如狸猫洞穴一般。通常店里会播金秋子、申忠贤、宋昌识等人的歌，偶尔也会有长发男出来弹着吉他唱悲伤的歌曲。午餐则是带便当或是在学校餐厅内解决。

学校餐厅的午餐菜单只有三种：炸酱面、炒饭、蛋包饭，这三种里面炸酱面最经济实惠。炸酱面三十韩元，炒饭五十韩元，蛋包饭七十韩元左右。大家的爱好各有不同，所以每次都点不一样的，一边聊天一边分着吃，午餐时间也算是大学生活中的乐趣之一。

西江大学十周年校庆时，各科系都有活动。电子工程学系因为刚设立两年，与其他科系相比，学生人数较少，活动经费也不多。下课后系里男同学们聚集在一起，热烈讨论起化装游行时要扮演什么角色。

“我们经费也不多，与其烦恼穿什么衣服，干脆脱了会不会比较好？”

“果然还是你聪明。那我们就干脆全脱了吧。”

我一边整理书包，一边静静地听着他们的讨论，忍不住噗的一声笑了出来。

“槿惠，要扮演什么角色大家才会觉得我们很酷呢？”

“这个……”

最后，我们系里的男同学好像达成了一致要扮非洲土著，而我则领到负责举电子工程学系系牌的任务。没让我扮成土著实在是万幸，于是我乖乖地举着牌子参加走到新村的化装游行。脱下上衣的男同学们穿着土著装，脸上擦满黑色的煤炭粉，引来许多路人的注意。每个人看到我们都哈哈大笑，拍手叫好，系里同学看到彼此的样子也都笑了出来。现在回想起来，那天还真是愉快。

在西江大学十周年校庆典礼上，和电子工程学系的同学扮成土著游行。这是大学时期的快乐回忆。

虽然偶尔会有示威游行，但校园整体来说还算平静。可以看到女孩子们穿着颜色艳丽的裙子，三三五五地坐在草地上，也可以看到弹着吉他的男孩子。当时学校校规很严，只要缺课就会影响升级，也会无法按时毕业。教授们相当严格，除非学生非常努力，不然很难得到A。当初做决定时我就有心理准备，电子工程这门学科不简单，所以更想要有好的成绩表现。我总是夹着厚重的书本勤奋地穿梭于实验室和教室之间。

到了三年级时，实验作业变多了。物理实验必须两人一组进行，那天我的伙伴是预备军官团报考生，那位同学要我等他结束报考生教育训练后，晚上七点一起在实验室里做课题。我准时抵达实验室，等了半天那位同学都没有出现，我想他应该有事耽搁了，便坐着看自己带来的书。三十分钟过去了，一个小时过去了，我心想他应该有急事，于是决定再多等一会儿。

要是像现在有手机，问题就可以轻松解决，但那时连寻呼机也没有，除了等待之外别无他法。那位同学三个小时之后才终于露面，当他看到我还留在实验室里时非常惊讶，一边抱歉一边跟我解释因为他是干部，刚才有事情要处理，一忙起来就忘了时间，还问我为何还没回家。我回答因为是约好的事情，所以不能毁约。

时间已经过了十点，考虑到十二点的门禁，我们决定把实验延迟到第二天。走出理工学院，两人一起散步到正门，途中聊了很多事情，如未来志愿、家人、对电子工程的希望等等。话题虽然有点严肃，但我很喜欢和朋友聊这些，分享别人的志愿、希望、未来的梦想与热忱，让我觉得人生非常美好。

“你觉得以后我们会过着什么样的生活呢？”

呼吸着晚间冰凉的空气，那位同学开始想象起未来的生活。

“我希望大家能过上自己想要的生活。”

“槿惠你有什么样的梦想啊？”

“目前没有具体想过，但打算一直读书，成为学者或研究员。”

秋夜的空气尤其冰凉清爽，天空中的北斗七星闪耀着耀眼光芒。

快毕业的时候，我获知自己将以第一名的成绩毕业。因为从未想过会拿第一名，心里难免有些震惊，同时也非常开心。

隔天午餐时间，我在全家人面前宣布了这个好消息，父亲

我穿着母亲的韩服参加了大学毕业典礼，以第一名成绩毕业，却也成为我送给母亲的最后一份礼物。

和母亲都非常高兴。那天下午在父亲办公室前遇到了秘书室长，他也非常开心地向我祝贺。由于除了家人我没有告知其他人，于是好奇地询问秘书室长是如何得知的，结果他说父亲既开心又骄傲地向他说了这件事。在那一瞬间，我的鼻头忍不住酸了一下，心里满是感动。

母亲在帮我挑选毕业典礼要穿的韩服时，眼眶突然泛红：

“槿惠，你是我们的骄傲，妈妈开心得连觉都睡不着。”

母亲手上拿着鲜艳的桃红色韩服对我说：

“你身为第一名毕业，却没能给你做套新衣服，还让你穿我穿过的，真是抱歉啊。”

我笑着回答说没关系，但母亲还是一脸歉意。对我来说，能够穿上母亲亲手打理的衣服意义更大。如今回想起来，当时以第一名成绩毕业，对母亲来说是最好的礼物。后来我才觉悟，原来那是我人生中为母亲尽的第一份也是最后一份孝道。就在不知不觉中，厄运开始悄悄降临。

短暂的法国留学

毕业典礼不久后，我前往法国留学。那是一个位于阿尔卑斯山附近，名叫格勒诺布尔的地方。格勒诺布尔是阿尔卑斯地区的中心都市，也是欧洲八大大学之一格勒诺布尔大学的所在地。此处不负文化艺术都市的盛名，随处可见拉小提琴的乐师，还经常举办大大小小的表演。这里也是第二次世界大战中反抗德国法西斯运动的著名基地。

这里有许多外国留学生，因此"东方女生"的身份很少会引起他人的好奇眼光。我计划先修完格勒诺布尔的语言课程。在大学期间，我已靠书本和录音带自学了几年的法语，但要想学好专业课程，我认为仍须加强语言能力。

格勒诺布尔的生活整体上还算自由，虽说至少会为我安排一个随扈，但他的行踪相当低调，甚至从未被我发现过。

我和其他留学生一样住在学校附近的寄宿家庭，那家阿姨的丈夫很早就去世了，她以经营寄宿家庭为业，独自养育两个女儿。阿姨个性爽朗、厨艺精湛，看待每件事也都很积极。那里除了我之外，还有一个加拿大学生，大家一起用餐的时候总是有很多话题，他们会问我韩国的事，也会亲切地为我介绍法国与加拿大的风俗。

有天阿姨介绍了一家人给我认识，他们邀请我参加复活节的派对，派对在他们的山庄里举行，我高兴地接受了邀约。山庄在阿尔卑斯山附近，坐车要几个小时。一路上壮阔的景色渐渐在眼前展开，我沉浸在大自然的美妙中久久无法自拔。

住在那里的几天，我体验了普通法国家庭简朴的生活方式。一早爸爸去镇上买面包，妈妈准备好浓汤、热咖啡、热牛奶和色拉，用完餐后全家人一起收拾碗盘，每个家庭成员都有各自的任务：小孩收拾餐桌、爸爸洗碗、妈妈准备甜点，家庭气氛井然有序又很温馨。分享甜点时你一言我一语地聊着天，全家人配合吉他演奏唱歌，这一切看起来非常和睦。在一旁看着他们其乐融融的样子，我也开始描绘起自己的未来，想着有天若能遇到适合的对象，和他一起组成一个温馨的家庭该有多好……

一起听课的学生来自德国、美国、英国、墨西哥、日本等，因为国别不同，人种不同，所以大家对彼此都非常好奇。我就读的班级由稍有法文功底的学生组成，日常对话大致没有问题。每个班级约莫有十二名学生，上课方式非常自由。大家围坐在圆桌前定好一个主题后开始讨论，讨论的主题有法国历史、文化差异、动物虐待、人权问题等，非常多样化。大家会翻开百科辞典认真地参与课程讨论，一有不懂的内容就马上查，当然课程最主要的部分是向老师提问题。

有一天老师询问我课堂上有什么地方是最让我印象深刻

的，我回答是韩国和法国上课方式的不同。

“在法国，不是由老师一人站在讲台上单方面授课，而是引导学生积极参与、自由讨论，这点让我印象非常深刻。”

有别于韩国教室的沉闷，这种积极讨论的学习方式给了我不少感悟。东方学生面对老师的提问，往往会表现得害羞或犹豫不决，但欧洲学生都相当活泼踊跃，从这一点可以明显看出从小教育方式的不同。

来自欧洲的同学对东西方文化差异也有强烈的好奇心。有一天下课后，几个同学提议举办读书会，邀请我去学校前面的咖啡厅进一步讨论。那间咖啡厅提供非常便宜的咖啡和三明治，深受学生喜爱。财力有限的留学生也会在放学后外带便宜的三明治回家当晚餐，就如同韩国一些没吃早餐就出门的上班族，会在公司前的小店吃烤面包或紫菜饭卷简单填饱肚子一样。

欧洲的朋友常问我很多问题，最让我印象深刻的是一位金发的德国女生，她对韩国特别好奇，不仅是因为当时韩国的政治状况与德国相似，而且因为她对东方文化有着特别的兴趣，梦想将来要在联合国工作。

“听说你们国家房间地板会发热？”

“听说在路上接吻会被骂？”

有时她的某些问题会让我发笑。有一天我问她从哪里听来这些事情，她回答有亲戚曾在驻韩的德国公司工作过。

“我们的确不会像欧洲人一样在街上接吻，不过这只是文化差异。”

她的法语并不是很好，为了让她了解韩国的地暖文化、礼仪、风俗等，我还费了一番力气；后来发现她的英语比较好，我们马上转换成英语沟通，之后讨论时还会翻开法语词典查较难的单词，平时她也会来我的宿舍一起用晚餐。

二十出头的她有着和年纪相称的活泼和幽默，是一位非常好的朋友。几个月后她因为家中有事先回德国，不久之后我也收到必须紧急回韩国的消息，两人就此失去了联络。

平时，我的原则是尽量早一点回家和阿姨一起共进晚餐。独自一人在外很容易因为孤单而迷失方向，因此我给自己订了一些规定，比如与朋友喝茶聊天只限一周一次。我的计划是修完短期语言课程后，进入格勒诺布尔大学正式学习。

每次用完晚餐，我会帮阿姨洗碗或准备简单的茶点，阿姨年轻时的梦想是过吉卜赛女郎般的生活，也常常问我一些关于韩国的问题。她对韩国料理特别感兴趣，考虑到我会想家，甚至允许我自由使用厨房，偶尔可以自己做韩国菜来吃。有一次我提议做韩国的代表性料理——烤肉，并开个派对，她也非常开心。

留学时和寄宿家庭的朋友合影。

每到深夜我都会想起家人，父亲爱唱的歌曲《荒城古迹》常在耳边回荡，母亲织毛线的身影也常在眼前浮现。

我经常写信给父母，等待他们的回信也是我的一大乐趣。父亲会亲自拍下青瓦台庭院里盛开的杜鹃花、紫丁香、木莲花，并一一附上说明，也会说很期待收到我的回信。

不过，在法国的生活并没有维持很久，六个月后，我又回到了韩国。当我朝着自己的梦想一步步迈进的时候，没想到人生最大的风暴正朝我袭卷而来。

1. 母亲出席正式活动时我常在一旁学习，为当好第一夫人打下了坚实基础。

2. 参加第三十四期陆军士官学校毕业典礼。

3. 经常打乒乓球练就了我当第一夫人的体力。

4. 近距离倾听国民意见极为重要。在保护自然活动现场。

1. 在历史上画下重要一笔的“槿惠—卡特会谈”。美国前总统卡特一家访韩纪念照。

2. 失去母亲的日子让我经常感到空虚，但我努力以微笑迎接每一天。

3. 第一夫人和总统代表着国家的门面。在驻韩外交使节晚宴上。

4. 当时结下的外交友谊持续至今。和日本前首相福田赳夫夫妇。

第二部

二十二岁的第一夫人

“早起的鸟儿有虫吃”，

是母亲对我的教诲。

作为第一夫人，

我一直以“比别人还要更勤奋”的原则来要求自己，

这样才能在最短时间内有效地完成更多事情。

我相信只要多处理一件民怨，

就能让国民过得更好一些。

代替母职担任第一夫人的时候。

啊，母亲

某天和朋友出去旅行的路上，突然接到了寄宿阿姨的一通电话，说母亲出事了要我早点回家。一个人坐在回程的火车上，我的心一直挂念着母亲。到家时发现门口站着大使馆派来的官员，大家看起来都非常冷静，但从他们的表情里我有一种不祥的预感。

他们要我赶快整理行李回首尔，在我确定预感没有错的那一瞬间，极大的不安涌上了心头。当我问起家人是否发生了什么事的时候，他们只露出为难的表情，没有给我一个明确的答案。

行李还没有完全收拾好就急忙赶到了机场，在办理登机手续的途中，我终于忍不住走向了角落的新闻区，此时看到了一张报纸上印着父亲和母亲的照片，上面写着斗大的“暗杀”两字。我赶紧拿起报纸，第一页就刊登着母亲的大幅照片。瞬间全身就像被数万伏电流击中一般，心脏则像是被尖锐的利刃深深刺进般疼痛。我的眼前瞬间一片漆黑，泪水就像滂沱大雨般不停流下。搭乘飞机回韩国的途中就这样不停地以泪洗面，那是我无论如何都无法接受的事实。

出了机场看见父亲前来接机，透过他那紧闭的双唇和隐忍的眼神，我可以感受到他内心的痛苦。看着我一脸苍白无助的样子，父亲的眼神有短暂动摇，但他马上又恢复平日冷峻的表情。父亲似乎为了要让我安心，只是默默地咬紧双唇不断拍着我的背。我咬紧牙齿，好不容易强忍住想要落下的泪水，感觉全身都麻木了。母亲的遇害让我们全家陷入了恐慌状态，那晚是那么地害怕又混乱。

电视上连日都在播报暗杀当时的情况。在“8·15”光复节庆祝典礼进行的途中，突然连续发出好几声枪响，室内瞬间变得混乱不安，人们也开始四处奔逃，原本在朗读庆祝致词的父亲急忙躲到讲台后方。在第一次的枪声响起大约十五秒后，原本端坐在位子上的母亲突然垂下了头。第一个看到这一幕的人是父亲，他大步走出来用手指向母亲大喊：“送医！”警卫人员赶紧抱起已无意识的母亲离开现场。开枪的罪犯不一会儿就被抓到了，逃离的听众也逐渐回到现场。父亲再次走向讲台，按照原定计划把纪念词念完。庆典结束后他默默地走向母亲刚刚坐过的那个位置，绿色的空椅旁散落着母亲的胶鞋及拎包，父亲弯下腰来，捡起了鞋子与拎包。

通过电视看着那些画面的我，身体一直不由自主地颤抖着。那段日子电视上连续好几天都在反复播放着那些画面，要承受媒体将母亲的死当成连续剧一样不断反复播放，对于我来说更是件残忍的事。嫌犯的身份被证实是持有日本护照的间谍文世光，背后支持势力是朝鲜总联[1]，接受指令进行暗杀计划。

母亲被送往医院后，听说有数百名市民聚集在医院门口。尽管众多市民为她祈祷，母亲还是在8月15日晚间七点，离开了人世。

日后听秘书室长说，当父亲听到这消息时，突然起身直奔客厅里的洗手间，久久没有出来。听到这番话我能感受到父亲当时的悲痛。想起连一句遗言都没留下就离开人世的母亲，心中又开始撕裂般地疼痛。身为长女没能陪伴她最后一程，心中的愧疚再次让我泪流不止。

在我紧急坐上飞机赶回韩国的这段时间中，青瓦台前涌现哀悼母亲的大批人潮。从一个穿着司机服的中年男子拿着几朵菊花交给站岗卫兵开始，前来哀悼的人潮就从未间断过。那天下着倾盆大雨，但那些人宁可淋雨也不愿离开哀悼现场。

国内外记者也相当关注这起暗杀事件，几乎每小时都会报导一次相关新闻。16日早上十点开始，我们开放一般民众前来参加告别式，还不到九点，外面就拥来一万多名市民，这个消息也被媒体报导到世界各地。被儿子背来的老奶奶、戴着斗笠的老爷爷、流鼻涕的小朋友、穿着整齐麻布衣的中年男女等，全国各地成千上万的人都来参加告别式。

1974年8月19日上午，出殡队伍将经过的那条路上，凌晨起就聚满了人。父亲目送灵车离开青瓦台，直到完全消失在眼

① 在日本朝鲜人总联合会，简称总联或朝鲜总联。

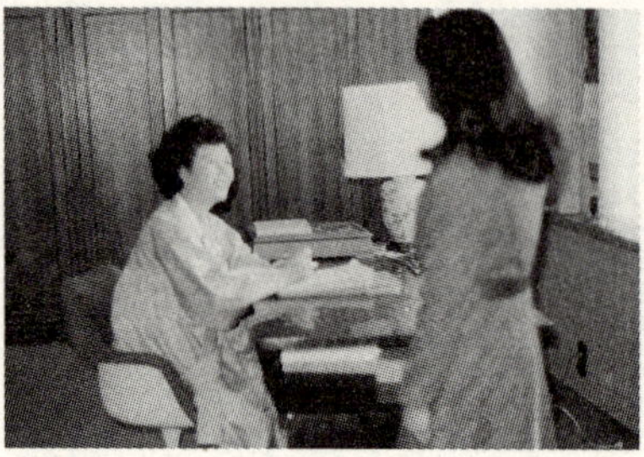

无论多忙总是不忘读书的母亲一直是我最好的榜样。

只能默默送母亲最后一程的父亲。

前，他悄悄地走进留有母亲遗物的第一夫人办公室，静静关上了房门。

母亲的告别式就设在中央厅正门前广场，父亲则独守青瓦台。葬礼结束后回到青瓦台时，父亲张开了双臂将我们抱在怀里，还记得当时父亲的手不停地颤抖着。

我根本没有时间伤心难过。为了让家人从悲伤中恢复，我必须先打起精神，然而越是故作坚强，越会更强烈感受到母亲的空缺。看着母亲在青瓦台四处留下的痕迹，我的心就像是跌入万丈深渊般。失去主人的物品，孤单地占据着一旁的角落。

母亲总是喜欢在自己的卧室里放一张练习书法用的书桌，一有空闲就会练字，在我看来倒不像是单纯的艺术喜好。每当母亲遇到困难或烦心事时，都会坐在那张书桌前拿起笔来写字，仿佛要努力将自己的心绪重新集中起来。我有时也会在她身旁帮她磨墨，看着写字的母亲那么认真平静，就连在一旁磨墨的我也变得小心翼翼起来。某天，我看见母亲到了深夜还在专心投入地写字，这也意味着那天她可能遇到了极大考验，以至于需要烦恼到深夜。

母亲经常对我说，她很期待以后回新堂洞的家过日子。

“要是能卸下肩上的重担，即便是住在小房子里，我也希望能一家人其乐融融地过日子。”

在整理母亲的遗物时，心头就像是被刀凌迟般痛苦。感觉母亲会随时推开那扇门，穿着白色丝绸韩服走进来叫我的名字。心里就像破了个洞一样，冷风飕飕地吹进来，食而无味，寝而不眠。就这样过了一段行尸走肉般的日子，那种悲伤根本无法言传。或许是因为当时心理压力过大，我出现了停经的现象，身体开始到处疼痛，免疫力下降，甚至变成过敏体质，每天都会打喷嚏。

但是不能继续难过下去了，相信父亲心里一定远比我们三姐弟还要痛上几十倍。于是我决心振作起来，并告诉自己活着的人得好好活下去，因为忙碌的蜜蜂是没有时间悲伤的。

面对狂风巨浪

我被赋予了一项新的使命。二十二岁的我代替母亲，成为韩国的第一夫人。

葬礼结束才不过六天，我以第一夫人的身份，胸口别着白色小花参加了预定的“第一夫人杯母亲排球大赛”。在难过哭泣的人群面前我强忍住泪水，因为那个场合的我不再是以前的朴槿惠，而是“第一次”履行第一夫人职务的朴槿惠。

母亲的离世大大地改变了我的人生轨道，法国留学后要站在讲台上教书的梦想就此离我而去，或许这是我无法逃离的命运吧。大学时期我做过一个奇怪的梦，当时我并没有多想，也没有告诉任何人，但是那个梦却一直让我记忆犹新。

在大风大浪的海岸边，因为浪太大，我与周围的人全部躲到了灯塔下方。就在那瞬间整个场景突然转变，灿烂的阳光下出现了平坦的康庄大道。路尽头的小山丘上升起了耀眼的太阳，是一个既美丽又火红的太阳。

做完这个梦不久，又做了另一个奇怪的梦。我被环绕着璀璨蓝光的宇宙包围，这个光环一边转动一边逐渐向我逼近，散发的灿烂光芒既美丽又神秘。当时我在日记中记下这场梦，它让我有种莫名的不安感，也找不出理由为什么会有那种感觉。毕业后应该就是要踏入社会展开新生活了，但那场梦却让我有种即将遇到严峻考验的预感。虽然无法证明那场梦和我的人生有何关联，但是每当想起母亲的死以及我人生的转变时，不知不觉都会让我回想起这两个梦。

我承接了母亲生前的全部工作。检查寄到青瓦台里的数百封反映民情的信件，还要一一确认负责部门是否在认真处理才能放心。我的主要工作包括改善落后环境、寻访中小型企业、慰问被遗忘的贫苦阶层，进行公益服务。要做的事情堆积如山，总觉得时间过得实在太快，尤其是工作繁忙时，恨不得把时钟的指针固定起来。只觉得一天二十四个小时根本不够用，只好缩短成一天只睡五个小时，晚上十二点就寝、凌晨五点起床。要是有海外贵宾来访的话，为了事前准备，连仅剩五小时的睡眠时间都只好舍弃。嘴唇总会累到起泡，身体也经常发低烧，就连生病也没空理会。

凌晨起床后等待早餐的时间，我会先收听早间新闻，接着检查总统一天的行程后再来查阅我的行程表，光是查看每天的拜访行程和处理重要文件，时间就已快接近上午九点，也就是青瓦台开始作业的时间。

前来上班的人们一声声响亮的招呼，让宁静的早晨整个活跃了起来。我总是坐在办公室里听着这些充满活力的脚步声，感受全新一天的开始。

“早起的鸟儿有虫吃”，是母亲对我的教诲。作为第一夫人，我一直以“比别人还要更勤奋”的原则来要求自己，这样才能在最短时间内有效地完成更多事情。我相信只要多处理一件民怨，就能让国民过得更好一些。也因为如此，让我的助手们吃尽了苦头。

母亲是我最好的教科书。极度讨厌坐在桌前办公的母亲，就算再累都要亲自走访民间处理民怨，亲临现场对她来说是最重要的课题。

还记得和母亲一起慰问麻风病患者时的事情。抵达现场时，背着孩子的女人们露出欢欣的微笑迎接我们，她们的手和脸都因为麻风病而溃烂，眼神却是无比地天真明亮。母亲温柔地牵起了年轻女子溃烂的双手，随行人员看到母亲这样的行为立刻阻止了她。

“夫人，拜托请您不要握手。这样会被传染的。”

“没关系，麻风病是不会传染的。你看她在如此不幸中依旧可以笑得这么灿烂，不觉得那位女子笑容很甜美吗？在我眼里只看得到她的美。”

拜访过麻风病患者村之后，母亲花了很多天千方百计地寻找可以帮助他们的方法，最后得出的良策是选出全国三十七个麻风病患者村，配送了四百七十只种猪，为他们能够自力更生奠定了基础。

母亲对国民寄来的每一封信都不曾疏忽，这是我最好的榜样。寄到青瓦台的明信片或信件都确实经过母亲之手，因为她特别交代过辅助官不可以暗藏或漏失任何与民怨相关的文件。

在我接任第一夫人后，和母亲处理民怨时并没有两样。每天都会一一查阅完数百封的民怨信才会回房睡觉，填补母亲的空位确实是件繁重又不简单的事情。那个角色一点也不轻松，是无限的责任连续。母亲在处理完民怨后也需提供建议给父亲，这样的她甚至被称为“青瓦台内的在野党”以及“青瓦台内的申闻鼓”。

对原本一心只想成为学者的我而言，如此繁重的事务，是极大的压力。但是强大的使命感与母亲的实绩成了支撑我的最大力量。这已经是不能推脱、更无法逃避的任务了。对我来说不再有所谓的“逃生口”，只有重责大任而已。想要成为优秀的第一夫人，只能拼死拼活地努力。

为失去母亲后变得冷清的青瓦台注入全新的活力，代替受国民爱戴的母亲执行应尽的职责，这就是当时二十二岁的我必须接受的宿命。

我决心放下过去岁月，彻底以第一夫人的身份活下去。

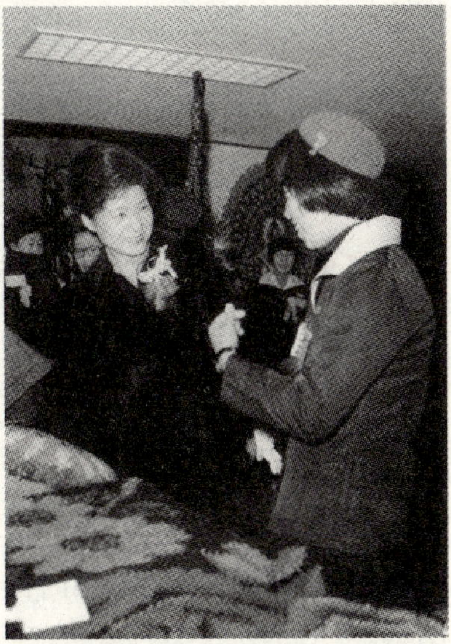

身为第一夫人的我每时每刻都尽全力而为。和公车跟车小姐见面。

原以为遥不可及的春天终于来了。对于失去母亲的一家人来说是个凄凉的春天。曾和母亲散过步的路边已长出了绿芽和小花朵，看着这幅景象，心头一阵酸楚，甚至无法好好地站着。

不知不觉间青瓦台的花园里开满了白色的木莲花。有一天我打开窗户享受着春天的微风，还邀请了父亲一起用茶。这天父亲尤其沉默，大约过了二十分钟，突然向我提起了母亲的事。

“木莲花是你们母亲最爱的花，我的心很痛啊……和你们母亲聊过了无数话题，但她从未提起过为了满足自己私欲而私藏财产之类的话题，就算当了总统的妻子，却依旧过得像贫穷军人的妻子一样。她嘴里总念着要是我离开总统职位，希望可以买一栋山坡上的小房子，在那里种些花草树木过平凡日子。只要想到连如此微小的梦想都没能帮她达成，就让她自己一人离开，我心里就会痛苦万分。槿惠呀，要是连你也不在，我恐怕就活不下去了。”父亲说到这里时不禁流下了眼泪。

每当看到这样的父亲，我都会心疼到不知所措，所以必须想尽办法辅佐父亲，填补那极大的空缺。母亲的心愿就是让大韩民国脱离贫穷，让我们的国民能够吃得饱穿得暖，不再有人需要操心下一餐。“6·25”战争让母亲经历过极度贫困的日子，对母亲来说没有比贫穷更可怕的敌人。失去父母的战争孤儿和无止尽的难民行列，到处都是乞丐的战后韩国……为了救国母亲卷起衣袖辅佐父亲。她有非常明确的目标，就是让大家脱离恐怖的贫困日子。当时的韩国粮食短缺，人民生活极度困苦。

有一天在京畿女高读高三的槿令放假回青瓦台，经过光华门教育会馆前的天桥时，发现一个趴在地上乞讨的少年。同情他的槿令回到青瓦台就把这件事情讲给了母亲听。母亲要我们把那个少年带到青瓦台，她亲手帮那孩子脱掉了身上破旧不堪的衣物，带去浴室好好地给他洗了个澡，然后帮他梳理了头发，还帮他细心地剪了指甲。

那孩子津津有味地吃着母亲替他准备的晚餐，仔细一瞧才发现年纪比志晚还小，脸色看起来苍白无血色，嘴唇发青，一看就知道生病了。一直看着那个孩子吃饭的母亲眼角开始泛红，她坐在孩子身边，认真地帮他搛菜。孩子眼里的恐惧消失了，他就像只可爱的小鸟一样，开心地吃着母亲为他搛起的菜。吃到肚子很撑的小朋友说，哥哥会出来找他，所以必须赶快回去。母亲帮他穿上了新衣服后要秘书室长陪他回家，还屡次嘱咐秘书室长要是见到他的哥哥，一定要替他找到合适工作来养家。那天晚上母亲在办公室里工作到凌晨才回房休息。

我至今都无法忘记那天看到的母亲的眼神，充满着心痛、怜悯、歉意……

每当工作疲惫时我就会看着母亲的照片，就像以前和她面对面谈心事一样把心里的话说出来，这个时候我就会确信母亲一定在某个地方守护着我。

父亲对外婆的爱

自从母亲过世以后，外婆的健康开始急速恶化。失去相信又依赖的女儿所带来的打击，让外婆的病情变得更加严重。况且在母亲过世不久前，外婆的大女儿刚不幸离开人世，当时家人的悲伤无法形容，母亲也哭了好几个夜晚。

"'6·25'战争爆发当时，姐夫被绑架后就一直生死未卜，从那天起姐姐在痛苦与折磨中没有一天过得心安，光想到这样的她我的心都快碎了。"

母亲对大姨的感情特别深厚。自从大姨去世后，母亲就一直照顾生病的外婆，父亲也一样非常积极，甚至把外婆接到青瓦台来全力看护。母亲每次工作结束后就会到位于二楼的外婆房间去查看房内的温度和湿度，也会和外婆分享一天当中发生的趣事及外面世界的状况，母亲就这样充当着外婆好友的角色。在父亲和母亲的尽力照顾之下，外婆的病情一天比一天好转，没想到这时又传来了母亲的噩耗，外婆仿佛失去了活下去的意志般脆弱无力。

担心外婆的父亲心情也越来越沉重，对他来说外婆就像是自己的亲生母亲。当初外公极力反对母亲嫁给父亲时，只有外婆相信父亲，坚定地把女儿交给他，婚礼当天也只有外婆前来参加。因为这些往事，对于父亲来说，外婆就如同亲生母亲一样重要。

每当听到外婆不舒服的消息，父亲的表情也会跟着变得凝重。父亲平常称呼外婆时不叫“岳母”，而是直呼她为“母亲”，足以看出两人之间的亲密程度。还记得这件事情发生在外婆病情恶化后住在小姨家接受治疗的时候。

“接连失去两个女儿，还有什么比这更残忍，你们要记得常回来看外婆啊。”

父亲时不时前往小姨家安慰外婆，每次都会亲自了解外婆的病情是否有好转、是否有什么特别想吃的等等。和母亲在世时一模一样，尽心尽力地照顾着外婆。

办完母亲的葬礼后的第五个月，外婆的八十大寿将近。看着外婆沉浸于失去两位爱女的哀伤中，父亲很是心疼。某天，父亲悄悄地把我叫到了身边。

“我想帮你们外婆办八十大寿。虽说她一直沉溺于白发人送黑发人的悲痛中不愿办寿宴，但你还是想办法去筹备吧。”

我准备了一顿只邀请亲戚参加的简单餐宴。三十多位亲戚聚集一堂庆祝外婆大寿，但她似乎又想起离开的两个女儿，忍不住频频擦拭流下的眼泪。在拆孙儿孙女们送给她的礼物时，外婆难得地露出了开心的笑容。因为遭受太大打击，健康状况差到喉咙发不出声的她，仍通过便条表达了开心的心情。

外婆的八十大寿，和亲戚们难得度过了愉快的时光。

父亲也难得见到这么多亲戚，脸上始终是开心又满意的表情。边用餐边聊天的过程中，有人站起来帅气地唱起《白马江》，炒热了整场气氛。接下来又有人跳出来担任主持人，一家亲戚开始轮流唱起自己爱唱的歌。

没有乐队也没有特别装饰的简单八十大寿，却比任何时候都来得热闹且开心。从读中学的表弟开始到父亲，所有人都轮流唱起了歌。志晚则是很害羞地唱了首《新农村之歌》，但由于他太过害羞，最后大家帮他合唱完整首歌。爸爸唱的则是以“啊，紫芒开始悲伤，所以是秋天……”开头的《暗恋》，在唱歌的途中父亲经常忘记歌词而露出为难的表情，最后也只唱了前半段就回座位了。父亲脸上虽然微笑着，但这首歌曾经是他与母亲最爱唱的一首，似乎也想起了与母亲共度的时光。

真没想到大家的歌单如此丰富，从当时最流行的歌曲开始到老一辈喜欢唱的老歌为止，简直就像在看全国歌唱大赛一样。轮到我唱的时候已经不知道要唱什么了。最后我也和志晚一样唱了《新农村之歌》，换作现在应该能唱更像样一点的歌曲，心中不免留下了一些遗憾。

对我来说，那天就像是刺骨寒冬过去后吹来的温暖春风，是令人怀念的记忆。

外婆是非常虔诚的佛教徒，在行动不便之前时常会去庙里朝拜。年轻时开始照顾大家庭的外婆，不管是身体还是心灵都吃尽了苦头，对这样的外婆来说宗教是她唯一的寄托。有天，陪着外婆去庙里朝拜回来的路上，外婆看到正在路边站岗的年轻士兵，要我把车子暂停在小杂货店门口。

"您要买什么东西吗？"

"你就先在这里等我一下。"

"要是需要买东西叫我去买就好了，您让我来吧。"

"不用啦，你就在这里坐着，我只是想去看一看而已。"

从杂货店里出来的外婆，手上拿着一包香烟和几包泡面，就这样一口气走到士兵面前把手上的东西交给了他。

"小小几样东西你就收下吧。年轻人在这大冷天里这么辛苦，我心里看得难过啊。拿去和其他伙伴一起分着抽吧。"

士兵收到陌生老奶奶给他们的烟和泡面时，脸上露出了不知所措的表情，但是依旧万分客气地向外婆说了声"谢谢"，回到车子里的外婆这下才露出了放心的表情。

平常外婆都会把一些干净的衣物整理过后拿去给贫穷家庭。因为虔诚的佛教信仰，她一直认为人活着就是要行善。我初中读的是基督教中学，从小接触的是《圣经》，但后来因为外婆的关系，也渐渐对佛教产生了兴趣。

陪着外婆到庙里朝拜的日子尤其会让我想起母亲，她以前时常陪着外婆一起去庙里，当我有时间时也会跟着她们两位同行。宁静的山寺里两人并坐朝拜的模样，一直深深烙印在我的心中。

母亲也是虔诚的佛教信徒，但是对子女从未强求过宗教信仰。每当我读《圣经》的时候，母亲就会说："任何信仰只要是虔诚地去相信就好。"

虽然有父亲的牵挂和无微不至的照顾，外婆的病情依然没有好转的迹象。因为行动越来越不方便，最后连每个月都会固定去一次的朝拜也取消了，全家人开始担心起外婆的健康。

听到外婆过世的消息时，父亲的脸上露出了非常悲痛的神情，好长一段时间不发一语。在外婆的灵堂前，父亲号啕大哭，让周遭的人都感到不知所措。

从外表看父亲是一位非常强势的领导者，但是他的内心却隐藏着非常感性的一面。小时候他那看起来高大的背影，如今反而觉得越来越小，做子女的看到这种景象心里不会好受。看着为失去两个心爱的人而崩溃的父亲，我也难过了好一阵子。

父亲的政治课

身为第一夫人的生活就像是蝴蝶破茧而出的过程，我用尽力气拼命往外飞，除了独自承担青瓦台的家务外，也尽可能将精力放在辅佐父亲的政事上。每当父亲进行国土视察或拜访企业现场时，我都会跟随在父亲身边学习，与他的对话大多都是在车中进行。父亲是一位非常棒的老师，我则是一位认真的学生。他会讲一些历史、国防、经济等领域的相关事情，不知不觉间我从父亲那里学到了一些金钱无法衡量的珍贵课程。

每天早上我都会朗读报纸给父亲听，顺便询问父亲对今天主要新闻的立场和见解。父亲有时候也会问我的想法和意见。就这样过了一阵子之后，父亲与我的对话范围已经扩展到了国防和外交。

“国益优先”是父亲坚定的政治信念，他花上一生来使国家富强，并让国民生活稳定。而我也开始逐渐有所改变，第一夫人这份工作已经得心应手，同时也增添了许多信心。

1974年起，我担任女童子军的名誉总裁，接着开展“新心运动”让第一夫人的活动变得更加积极。所谓“新心运动”含有将“新农村运动”的精神更具体化延续下去的含义。虽然提高收入水平很重要，但当时也迫切需要人民能有符合收入水平的意识水平。

那个年代的韩国到处都可以看到“请不要在街上随意吐痰”、“请重视卫生与清洁”等宣传海报。想要成为发达国家，全国人民都要提高思想素质，每次参加演讲我都会强调这个观念。我尤其花很多时间去见青少年，因为青少年就是大韩民国的未来。

恢复国民“只要努力工作就能有好日子过”的信心也非常重要。在战争的伤痛尚未完全痊愈时，国民需要的是一个全新的希望，政府所要扮演的角色，正是成为国民心中那盏永不熄灭的希望之灯。

我时常陪着父亲到首尔以外的城市去，也很频繁地参加高速公路开通仪式或国土视察等重要活动。每次父亲都会在车上聊起历史，比如“这里是忠武公李舜臣将军治疗伤病的地方”，“那里是李栗谷先生的墓地，我们去看看吧”等。他对历史遗迹相当感兴趣，我也自然开始关心起我国的文化遗产。就算是为了后代也好，好好保存现有的古迹让其流传百世，比任何政策都来得重要，所以当时推动的就是“净化事业”。

像“七百义冢”就是一个例子。为了保卫国家而牺牲的烈士们的墓地竟然没人理会，除了已经长满杂草之外，整个墓地

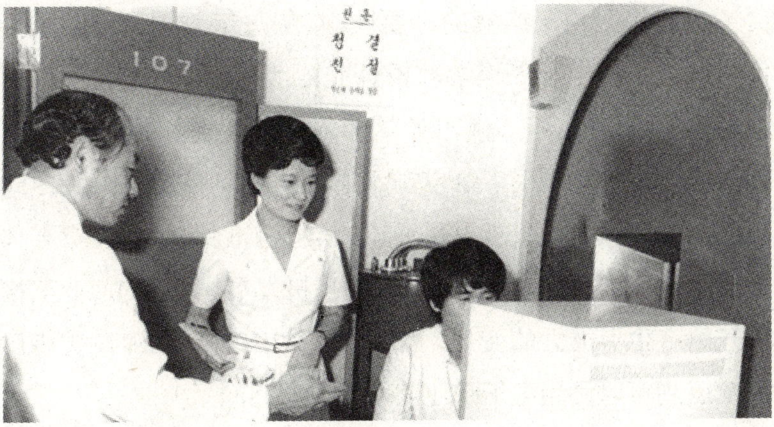

参观新心医院的设备。

快要塌陷。听到这个消息的父亲相当不悦，多次强调“身为后代，理当好好保存那些为国牺牲的伟大先烈的长眠之地才是啊”。“6·25”战争时被破坏殆尽的水原城复原工程，也就是在这时开始动工的。

另外，父亲也致力于绿化工程，重视程度不亚于文化遗产复原。坐车经过的路上要是看到树木被砍光的地方，他会立刻打电话去追问并严加指责，在听到已完成改善作业前，还会屡次追踪确认。父亲对我国的国土有着绝对的爱心，爱护国土的心可以媲美他对经济发展、祖国现代化、自主经济的用心。我详细记下在父亲身边看到学到的每件事情，另外也将与父亲一同参观后留下的所有感想整理成册。

那时，我对电子产业非常有兴趣，大学时选择电子工程学专业也是希望自己可以对国家的经济发展尽一份力。恰巧当时父亲也意识到电子产业的必要性。自从几年前听到任职于哥伦比亚大学的电子工程学教授金完熙博士所提出的电子工业培养相关建议案，父亲就开始烦恼要如何进行这项计划。当时韩国根本没有可以称得上尖端科技的产业，相反美国从1950年代中期开始积极进行卫星通讯、信息通讯及计算机、半导体产业等相关学术研究。因为美国的积极发展，世界的产业架构也开始产生了极大的变化。当我们只能出口棉制品时，美国已经发展到可以利用电子产业获得巨大的利润。

不懂尖端技术的话，要制定电子产业相关政策是非常不容易的，相对也很难获得支持。要是无法跟上快速的产业发展和技术脉动，这项政策就很容易变成废纸一张。况且要是想跨过国际市场的高门坎，利用技术发展提高竞争力则更是当务之急。

我一直认为对电子工程学相关领域必须积极地提供人力和财力资助。1979年终于说服了父亲去参加第十届韩国展览会的电子展，这么做就是希望能够提升电子产业领域工作者的士气。

父亲对科学技术的执著非常强烈，他说过“没有天然资源、没有钱的韩国要想填饱肚子过日子的话，就只能靠人去研究科学技术”。之后， 1966年在洪陵设立了韩国科学技术研究院，也号召在国外的韩国科学家归国效力。令人惊喜的是，两百多位科学家明知道韩国科学研究基础相当薄弱，却因为一颗爱国之心毅然决定归国效力。接着设立了国防科学研究所并大力提供研究资金，挑选研究员的事情就交给研究所所

和父亲一起参观现代重工业。

长亲自决定，并杜绝所有外部的干涉与压力。沈文泽博士在管理研究院时，向父亲提议人事自律性、组织自律性、预算运营自律性，父亲也很爽快地在公文上签名。日后沈博士每当遇到难以拒绝的人事请托时，都会把这份文件拿出来给对方看代替回答。

父亲时常到大德科学园区去听取科学家们的意见，也不忘鼓励他们。父亲对科学技术工作者有着绝对的期待和信任，另外他对国防工业的基础建设也相当热衷。

“槿惠呀，要记住：要看一个国家的工业水平，只要看他们的国防工业就可以知道，国防工业就是那个国家的工业衡量尺度。一个国家需要国防工业，自然是为了自主国防，但亦可借此发展汽车出口、坦克生产等，不用看其他国家的脸色，单靠我国的技术就可以生产出所有东西。就算现在觉得国防工业和重工业发展以及综合炼铁所建设等工程，既辛苦又繁重，但是这些在未来将会是我国国民赖以生存的重要产业基础，同时也会是提升国家实力的重要武器。有些人可能会觉得现在还太早，但现在才是绝佳时机。领导者必须懂得开辟艰难的路，同时也得有自己的主见，就算被外界责骂，也不可以畏惧退缩，莫忘当初所选择的那条路。”

视察完大德科学园区后又参加了潜水桥开通仪式，在回来的路上，父亲对我说了这段个人信念。在我辅佐父亲的这段时间，感受到了父亲身为总统所背负的重大责任，以及同样身为普通人的烦恼。

令人痛心的贫穷

某天我从父亲那里听到了这样的故事。

“小时候隔壁家在烤鱼的话，那阵香气会绕过围墙传到家里，而每次那个香味都会让我觉得肚子更饿。虽然邻居的家境也不是非常富裕，但至少一个月还是会烤一两次秋刀鱼来吃，每当他们烤秋刀鱼的时候我的口水简直流个不停，甚至会让我觉得很心酸。但是又知道家里的环境很不好，所以也不敢开口向父母要鱼肉吃，这样的经历成了小时候的阴影。那个年代，村子里除了一两家以外，大多都是贫困家庭，所以一点也不觉得难为情，但是也让我思考了许多关于贫穷的事情。‘我们为什么会穷？’这问题我思考了很多天，最后终于明白人民的贫困其实就等于是民族的贫困。当时是被日本占领时期，国家被侵略的耻辱难以言语，从那时起我就开始梦想某天我们也可以抬头挺胸过日子。在那么艰苦的生活环境下拼命苦读的原因，也是因为有着一个希望能够实现的梦想。”

听到父亲这番话后，我终于充分明白父亲的心了。被日本侵略、“6·25”战争再加上自然灾害，韩国变得更加穷困。那个时候路上到处都是乞讨的人们，要是能够填饱肚子就谢天谢地了。人们奋力寻找求生之路，却没有任何工作机会，只要能有份工作，不管什么事情都愿意做的人更是多到数都数不清。那是相当悲惨的现实。失业人数多但工作机会少，农村的状况更是凄惨，就算在田里累死累活，也无法填饱家人的肚子。父亲正是以无论如何都要帮国民找到工作机会的信念，展开了他的施政计划。

“就是因为过去这段时间我们国民没有足够的工作机会，才会被外国人误以为韩国人只喜欢喝酒赌博，是一个懒惰的民族。但那是绝对错误的观念，从古至今我们民族一直都是勤勉又上进的民族。”

当时父亲认为不能让下一代也过这种贫穷的日子，大家必须咬紧牙关，用一致的信念快速突破这个国家的贫困期，这样的意志也成就了父亲致力于经济成长的坚定信念。

平日父亲就是勤俭节约的楷模，无论外头有多热，只要没有客人来访，他的办公室就不会开冷气。虽然有电风扇，但也很少使用，就算再炎热的日子，也只拿一把扇子来消暑，这也是大家很熟悉的画面。他认为在独自一人使用的空间里开冷气是浪费电力的行为，就连我自己工作的时候也不会开冷气。平时若是发现不需要的房间开着灯，一定会顺手关掉，自来水也会省着使用。

青瓦台的生活和母亲在世的时候几乎一模一样，菜单也没有改变，我们都吃麦米混合饭，中午则常吃小鱼干汤面或凉拌面，偶尔也会配合喜欢吃简单面食的父亲吃韩式冷面。

父亲同母亲一样讨厌奢侈的东西，而我也在母亲的遗物中挑了一些可以用的东西来继续使用。

青瓦台使用的东西大部分都是国产货。父亲的日用品中，外国货只有从国外回来的人送给他的领带、刮胡刀、钢笔，其他像外套、皮鞋、西装等一般生活用品都是使用国产货。在好不容易刚度过粮荒的时候，领导者是不容许过奢侈生活的。

对当时的父亲而言，最重要的课题就是脱离根深蒂固的贫困，我则真心努力想辅佐父亲，将经济稳定下来。虽然那时已有了耀眼的经济成长，但还是有许多需要改善的地方。减轻社会底层人民的困苦在当时是非常急迫的事情，我将这件事情视为第一夫人应完成的重要任务。

就算沉重的责任感压着我

我辗转全国各地的学校，号召大家一同参与新农村运动和新心运动。每当拜访学校时，青年学子们给我的支持都相当热烈。不管是在哪个地方的学校，微笑和欢呼总是迎接着我的到来，我想也许是因为“年幼的第一夫人”这个头衔引发大家好奇心的缘故吧。

我勤奋地走访各地，亲自去了解孤儿院、陆军医院、母子院[①]、养老院等营运状况，当灾害发生时，不管有多偏远都会火速赶到现场。当父亲烦恼于重大政策决定时，我都会努力让自己的脚步走到父亲未能顾及的地方。

那天正好是我去拜访净水职业训练院回来的路上，这天不同于往常，天气特别阴沉，仿佛要下起冬雨似的。天气突然转凉，也许是因为我穿出去的衣服太薄，使我不断地搓揉着衣角。回到青瓦台后，打开电视收看晚间新闻，听到报导说今年的寒流会提早到来，而且将会是近年来最寒冷的一个冬天。我

① 为收养了孤儿的未婚女性所提供的社会福利机构。

紧急呼叫正准备下班的秘书室职员。

“请先简单和我聊一下好吗？听说今年冬天的寒流会提早到来，请问对于这次的严寒冬雪是否准备了一些对策？要是各个地方提了一些对策方案的话，可不可以也拿一份给我？”

“啊，是……到目前为止还没有收到任何相关文件，明天我会马上发公文到全国各地，请他们提出针对寒流来袭的对策方案并做简报。”

为了将灾害造成的损失降到最低，必须提早做准备，但是过去大多数时候都是等灾害来临后，才急着想亡羊补牢的对策。就算事前做好万全准备，也还是无法百分之百防止灾害发生。

“我知道你很忙，但也只好辛苦你了。我好像总是提出一些为难的要求，过几天找个时间和秘书室员工们一起吃顿饭好了。”

近距离观察下来发现，公务员无论再怎么努力都会被民众责骂。青瓦台里的公务员们也都非常辛苦，一天要处理的事情堆积如山，我这个第一夫人总是不放过任何小事，身为总统的父亲就更不用说了。要求正确回报实时状况，听完报告后也会追根究底问清楚事情是否已经顺利完成，可想而知，员工们在工作上一定有相当的压力。

在难伺候的上司底下工作的心情，也是我当时的心情。就算再怎么细心处理每件事情，代替母亲的角色依旧不简单。有时甚至会觉得自己的责任太过重大难以负荷，很想抛开一切远走高飞，但是只要看到父亲坚强的意志，那颗动摇的心就会

虽然当时忙到有十个分身都不够用，但是每当看到努力过日子的人民，我就会打起精神振作起来。在韩百训练院。

回到原来该有的位置。

几天后，我准备了几百件御寒卫生衣前往极贫者宿舍。想到生活贫困的人们要在此处度过寒冬，心里就相当沉重，没有家人或者生活条件不足以养活孩子而仰赖这个机构的人大有人在。我穿梭在每间房间和大家聊天，也听到了许多人的诉苦。

“拜托你帮帮我，从一个月前开始我的腰就痛到根本无法出去工作啊。”

我一一地握住了他们的手，告诉他们虽然目前政府没办法立刻给予太多支持，但是我承诺会尽快用最大的努力提出解决方案，改善现状。离开那里时已经是深夜了。如同冰冷的晚风，我的心情非常沉郁，仿佛有更大的责任感压在我的肩膀上

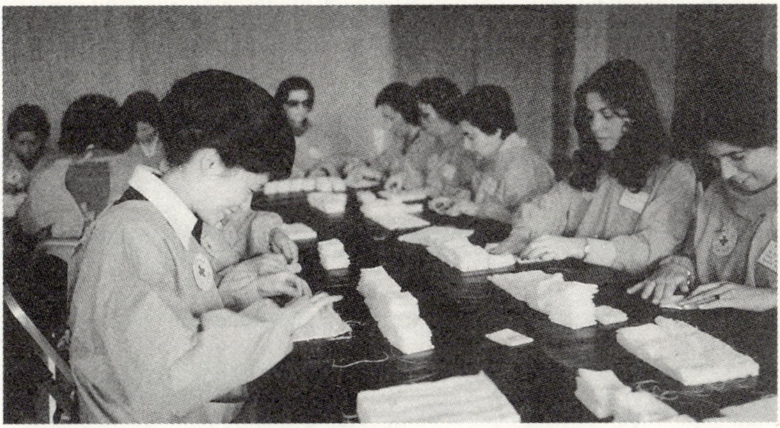

为了和国民分享心情，也想替国民尽一份力，义工工作从没有间断过。在红十字义工会。

一样。突然，我想起了过世的母亲，终于明白为什么她会不分昼夜地做慈善活动了。

成为第一夫人的母亲，决定一生成为父亲的影子，代替父亲去关怀那些我们平常忽略照顾，甚至不曾去关心的地方。母亲默默做了许多事情，像是提升女性地位、改善农村地区收入、带领社会关心那些被遗忘的阶层。那么多的事情单靠一颗心是不够的，要是没有正确的知识与判断，就很难得到令人满意的结果。

“你现在的位置很重要啊。代替母亲角色的这段时间，说不定没有一天是可以好好睡觉的，要是没有做好心理准备，就没资格成为这个国家的女主人。务必每天想着你能为国家做什么才行。”

有一天父亲是这样对我说的，他是大力支持我成为第一夫人的人，同时也是最冷酷的顾问。每当要做的事情遇到难关时，父亲的忠告总是解开难题的线索。

国民健康第一优先

在我担任第一夫人的时候，一直想尽全力代替母亲去照顾被社会遗忘的贫苦阶层。虽说当时人民饿肚子的问题已经改善了许多，但是仍有许多人生病却无法就医，于是母亲设立了“受惠免费诊疗所”，专门照顾那些接受不到医疗照顾的人们。我永远忘不了和母亲一起去服务时所看到的景象。为了领药而大排长龙的病人们，表情里没有丝毫的生活意志。光是吃饭都很拮据的家庭，要是家里再多一个生病的人，生活自然就会变得更加困苦。在那个时代，一辈子只要能健康活到死去，就是最大的福气。

母亲过世之后我深受打击，导致我的体质整个改变，有一阵子也曾为身体状况不良所苦，就算是炎热的夏天也不停打喷嚏，非常容易疲劳。身体不舒服时整个人提不起劲，有一次还发了高烧，好几天都受尽折磨，经历过这种折磨后才领悟到，原来拥有健康的身体是多么重要。

我非常认真地投身在免费诊疗所参与义工服务，帮助护士们照顾患者的同时，也会聊病患们的故事。他们都异口同声

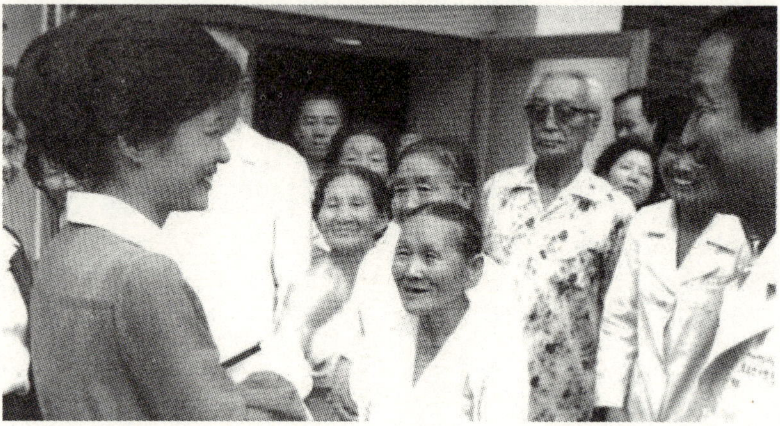

我认为照顾国民的健康是政府的义务，所以一直致力于医疗事业。在夜间免费诊疗所。

地说，生活中最大的担忧就是生病，要是生病时能毫无担忧地买药、到医院接受治疗的话，就能卸下肩上最大的负担。

“医生先生，我家媳妇生了病，可是都没能去医院也没吃过药啊。”

一位老奶奶哀伤地哭诉着，不禁让我感到心痛难过。对于生活困苦的人民来说，医院的门坎实在太高了，尽快建立医疗保险制度是当务之急。

医疗保险相关问题不停被质疑，同时却得不到任何实际成果。虽然在1963年拟定了《医疗保险法》，实际上却没有被正确地执行。全国只成立了少数的医疗保险协会实施示范保险业务，多年来却一直没有回馈于人民。

为了那些受苦受难的人们，1976年12月我在圣洁教[1]首尔

① 基督教新教下的一个教派。

神学大学大楼里设立了夜间医院。医师和大学医学院学生们自愿前来帮忙诊疗，人民的反应相当热烈。在那里老年人可以享有无条件免费治疗的优惠，一般人民的话只收取实际费用。另外也首度成立了捐血本部。这家医院在1979年更名为“新心医院”，到1987年为止，到新心医院看诊的累计人数高达四百三十万人。如果将免费诊疗换算成挂号费的话，总额高达一百亿韩元。之后还开设了小儿麻痹症青少年会馆，持续不断地有医药品寄送至此。

父亲偶尔会到夜间免费诊疗所查看诊疗现场，看到人山人海的病患，父亲的神情难掩悲伤。于是我对他说：“我们国家也迫切需要一个完整的医疗福利制度。”

父亲深思熟虑过后，决定打好医疗保险制度的根基。虽然有许多经济学家和相关人士反对：“就国民收入还不到一千美元的经济现状来说，实施这样的政策还太早了。”但是父亲用他坚定的意志和决心，持续推动了这项制度。在填饱肚子都很不容易的情况下，如果只注重眼前，这项制度确实过早，但若放眼不久的将来，这确实是一项必要的制度。

1976年终于全面修正了既有的《医疗保险法》，1977年7月1日起，以五人以上员工的公司作为对象，实施了强制入保方式的医疗保险制度。医疗保险制度的执行，形成了国民福利相关的舆论，也成了启动国家福利政策的契机。之后通过国家支持，成立了韩国麻风病医院研究所，也推动了敬老医院的设立。

医疗保险制度的导入和发展过程让先进国家看了都叹为

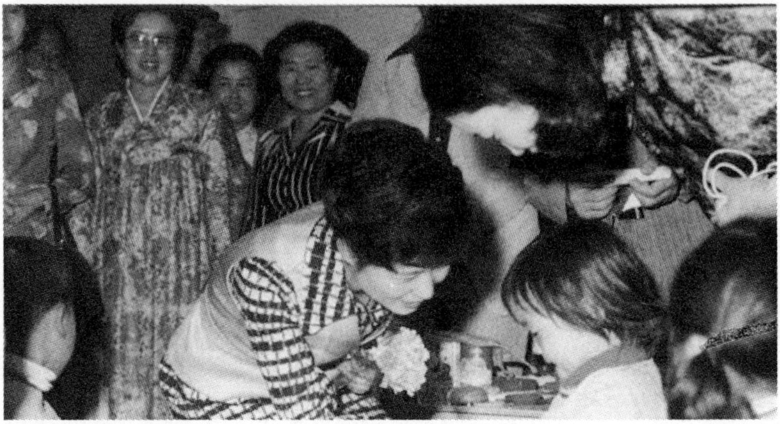

帮孩子们建立健康又快乐的未来，也是我的重要任务之一。

观止，而我们的医疗保险政策也如火如荼地在进行。推动过程中虽然遇到不少难题，但这是迈向福利先进国的第一个信号弹。这也是我担任第一夫人期间，付出极大心力和热忱所进行的事项，所以对我来说也有着相当大的成就感。

不知不觉间累积的外交训练

第一夫人的任务中有一项重要的任务就是接待国外贵宾。1979年为了筹备美国总统吉米·卡特的访韩事宜，青瓦台比任何时候都要忙碌。当时因为驻韩美军撤退一事，韩美关系处于相当敏感的时期，甚至还散发着一股紧张感。

在敏感时刻迎接如此重要的贵宾，更不能疏忽任何一个小细节。卡特总统给人的第一印象就像个友善的隔壁大叔，第一夫人罗莎琳女士则温柔婉约，浑身散发着女人味。

父亲和卡特总统的会谈从一开始就因聊起驻韩美军撤退一事而擦出火花。父亲不停地提起驻韩美军除了对韩国之外，对整个东亚和世界和平扮演着多么重要的角色。卡特总统则拒绝父亲所提出的冻结驻韩美军撤退事宜，同时也强烈质疑我国的人权问题，让整个会谈散发着浓浓的火药味。

在会谈中两位最高领导人谁也不愿退让一步，导致会场没有任何人敢出声。卡特总统甚至回绝国宾礼遇，决定到美八军[①]驻地的宿舍就寝，这已表现出他有多么不悦。

---

① 驻韩美军。

对于身为青瓦台女主人的我来说，这是一个非常尴尬的状况。一句话、一个行为都有可能造成两国反目成仇，因此我如履薄冰般地小心谨慎。父亲和卡特总统正在打冷战的时候，我和罗莎琳女士认真地聊了一下。当时卡特总统和龙山美军部队士兵们慢跑的画面，引发我国国民关注，而我就以慢跑为例，向第一夫人表达了韩国和美国的差异。

“看到卡特总统慢跑的模样，我国的国民们开始对慢跑产生了兴趣。”

“是吗？总统会这么健康，都是因为每天坚持慢跑。他不管去哪个国家，早上一定都会出去慢跑。”

“连我看了都觉得应该会对健康有很大帮助。有一定体力且健康的人，相信一口气跑好几公里都不成问题，但是对刚开完刀身体不适的人来说，过度的运动会不会反而带来负担呢？”

“说得没错，生病的人要是太急着慢跑，反而会对身体造成伤害。”

“我也是这么认为。然而，我觉得这个观念套用在国家上也是同样的道理。现在我国依旧处于南北分裂的痛苦之中，朝鲜南下造成整个国家巨大的创伤才没多久，目前朝鲜依旧时时刻刻在等待着机会南下，派送间谍、挖进攻用的地洞，甚至还派了特攻队突击过我们的青瓦台。”

“这么严重？”

“为了保护国民的生命和财产，当务之急就是从朝鲜的南侵中保护自己的国家，阻止战争的爆发，同时也得要加强韩国的经济发展，让那些饿肚子的人民脱离苦难。这就是韩国目前

向美国前总统卡特说明韩国的现状和保留驻韩美军的必要性。

面临的最大课题。”

“我也很清楚韩国目前正在蓬勃发展。”

“现任的总统相当关心韩国的人权问题，也听说为了驻韩美军撤退事宜烦恼不已。人权问题固然重要，但就如同要让一个生病的人像健康人一样慢跑，反而会造成他身体的伤害一样，对于处于南北对立的紧张时刻、还得全力投入经济发展的韩国来说，和其他国家的状况确实有些不同，还希望您能了解这一点。”

“您说得很有道理，我一定会把您说的这番话转告给总统。”

据说卡特总统在当日的晚宴上，从总统夫人那里听到了我说的那番话。由于整场晚宴中他不停地向我提出问题、回答问题，以至于有人称那次的晚宴为“槿惠—卡特会谈”。之后卡

一个国家的外交实力并非一日就能积累而成。第一夫人时期和新加坡总理李光耀建立的交情至今仍维持着。

特总统的态度大变，大家都感到非常惊讶。甚至最重要的驻韩美军撤回事宜，最后也决定取消了。罗莎琳女士在记者的采访当中提到，两位领导人的意见相差甚远，导致对话很难进行下去，但是后来她把和我聊天的内容转达给卡特总统后，就顺利地解开了那些争议点。

父亲比任何时候都要开心地对我说："槿惠这次立了大功，做得好。"经过这次的契机，我明白了其实国家间的外交也是由人来进行的，为了守护自己国家的利益，一个领导者的外交能力是多么重要。我坚信只要能给对方信赖感，找出适当的说话方式，就有无限可能来创造出令人满意的结果。

我沿用了母亲使用过的接见室——那是一个小而温馨的空间，简单的装潢很适合在里头喝下午茶——并保持母亲使用时所布置的饰品和窗帘。母亲当初选择的点点纹路窗帘就算用久了也不觉得过时，接见室的节俭之美也深受外国贵宾的喜爱。

执行第一夫人任务的时候，在青瓦台里接见的国外贵宾就相当多。有来自德国、美国、瑞典、英国、法国、日本的贵宾，还有新西兰副首相夫人、哥斯达黎加外相、突尼斯总务处长官、澳大利亚和泰国的大使夫人、危地马拉和肯尼亚的外相夫人、以色列和芬兰大使等，数都数不清。他们有时候看到我还会歪头表示不解。

“这位第一夫人怎么比我们想象中还要年轻许多。非常感谢您的贴心招待，等我回国，我愿意担任介绍韩国的外交使者。”

每当听到这番话时我都会感到相当有自信。在与外宾的交谈中给对方亲切的感觉，对我们的外交也产生了相当正面的作用。除了聊文化、社会福利、经济发展等政治性的话题外，也会聊一些不为人知的隐秘话题。每个国家的第一夫人其实都有自己的烦恼，我们通过这种聊天方式，也解开过许多不容易解开的政治问题。

爸爸时常露出满意的表情说“托你的福，事情轻松解决了”。在国宾来访时和父亲一起出席会谈的机会变得越来越多。我最主要的任务就是用轻松的话题化解僵硬的气氛。为了达成这个任务必须做好万全准备，就连一个小时的会谈，我都得花上更多时间做准备。只要是对外交有帮助的情报，我都会整理得一目了然，这时候代替母亲参加过大型活动所累积的经验，就发挥了它的功效。

偶尔我还会在父亲身旁担任翻译，在这个过程中学到的东西也不少。父亲时常会提醒我外交的重要性，他的外交哲学是很坚定的。

“日据时代把国家让给日本，对我们这辈的人来说是一种巨大的恨。眼看着我们的年轻子弟们被抓去日本当兵却无能为力，那种痛苦是无法用言语形容的。发生‘6·25’战争这种悲剧也都是因为我国的国力太弱，现在为了要在这块土地上去除战争的恐惧，让我们的民族可以兴旺，最重要的就是搞好外交，无论如何都得把国家利益摆在优先。比如，我在越南派兵的问题上绞尽脑汁思考，甚至熬夜好几天之后下的结论就是：曾经帮助过我们的友邦国家有难，我们的确应该帮助他们，比起我们的牺牲，我们所能带来的益处会更大。”

正如画家父亲的孩子，会比其他小孩更容易启发美术天分一样，我借由总统父亲快速熟悉了外交的敏感度，也学会了和其他国家的政商人士保持良好关系的重要秘诀。

在担任第一夫人期间，我享受了与世界各国的顶尖人物和伟大的人物见面的机会，直到现在依旧和当时见面的人们保持着良好的交流关系。

外交训练并不是短时间内可以练成的，就像需要长时间发酵才能酿出陶醉人心的红酒一样，它需要时间和真诚的磨炼。虽然当时我并没有发现，但现在回想我在第一夫人的位置，不断透过反复地预习和复习，的确培养了外交的敏感度。

温柔的领袖风范

父亲是懂得关怀周遭的人。对国家大事公私分明，但对私底下见面的人来说，他是一个光明磊落且拥有温暖关怀之心的人。

有一次全家人出去旅行的途中，父亲被飞虫咬了一口，没想到当场伤口整个肿了起来。因为夏天天气炎热，花草间会有许多飞虫，其中也有几种是毒性较强的。父亲马上叫来了身边担任保镖的护卫官，要他们赶紧把药喷在身上，怕他们会被虫子咬。他就是如此细心照顾旁人的一个人。

坐着海军军舰前往闲山岛的时候也一样，父亲看到久坐在船板椅子上的年轻海兵，担心他会不好坐，还特地过去自己试坐了一下。“像这种椅子坐久了，会坏了年轻人的腰，快帮他换成比较好坐的椅子来。”说完之后马上下令执行。

有一次一家人开心去真海度假，在船上看到的满月是如此美丽，志晚不停嚷嚷着要把那月亮拍下来留作纪念，可是日后把底片拿去洗才发现，当天的灯光不好，拍出来的照片都是模糊的。年纪还小的志晚看到后心里很难过，父亲看到他这么难过，就发挥了自己的油画功力，将当天晚上看到的风景完整重现到画布上，让看到这幅画的志晚开心不已。

父亲的兴趣是作画，每当休息日或有空闲时，都会把握时间作画。尤其在休假期间，父亲都会带着画本和水彩等美术道具，把印象深刻的画面画在画本中。和父母亲一起前往澳大利亚的时候也一样，父亲在飞机里拿出了画好的母亲肖像画给我看，那幅画里甚至正确地点下了母亲脖子上的那颗痣。

说要改裙子的长度、正在一针一线缝纫的母亲，看到父亲画好的画，意外地露出了失望的表情。

“这张画画得不怎么好看，看来你眼中的我就长这样子啊。”

听了母亲说的玩笑话，父亲幽默地回了一句：

“你最美的就是下巴和脖子的曲线，我就再仔细地画给你看吧。”

画好后父亲还在上面签了“给英修！”的字样，送给了母亲当作礼物。父亲除了画画之外，也善于演奏风琴和钢琴、洞箫等乐器，也许是在闻庆担任教师的时候学会的消遣活动吧。

父亲这种优雅的生活习惯只有身旁的人看得到。尤其在母亲过世之后，父亲还把对母亲的思念写成一首首的诗，其中这两首是我最珍惜的。

猪岛的回忆

……日与月日复一日地升起又落下
浪潮声昨日今日一成不变地传入耳中
人已离开无处寻
随着那苍天的白云
走向天边的另一个国度
成为九万里长天银河江边的蓝色小星星
瞭望着这座岛屿闪烁着
是那颗星星吗
应该就是它

岁月流呀流

岁月流呀流
花儿谢了又再来
但人生犹如浪人
短暂停歇离去后
就不会再回来了

父亲时常在我面前展露任何人都不曾看过的内心世界，大部分都是对母亲深深的怀念。对父亲来说母亲是一辈子的伴侣，也是最亲近的朋友。

“昨天你母亲到梦里来看我，穿着黄色的衣服，手里提着装满橘子的篮子。我高兴得大喊‘你去哪里了，怎么现在才回来！’结果反而吵醒了自己。就算是梦里也好，要是能常常见到她该有多好……”

礼拜天休息的时候，父亲会把那些哀悼母亲的相关新闻全部用剪刀一一剪下整理在档案夹里。父亲的房间也总是整理得干干净净，还说这是为了万一自己突然去世做万全的准备。

父母节当天，我们拿着用心准备的卡片和三朵康乃馨给父亲，结果从父亲办公室出来的弟弟哭了。我问他为什么哭，他说他看到父亲把花和卡片拿去放在母亲的照片旁边，听到他这么说也让我感到心痛。

1970年代中期开始，父亲开始准备离开总统职位。有一次是在他担任第九届总统还不到一年的时候，他问我：“你觉得谁适合担任下一任总统？”我不知道该怎么回答他。看样子当时父亲应该是认为他梦想的祖国现代化事业已经差不多有一定成果了吧。

父亲为了让政权移交不产生混乱而做了一些具体的准备，他时常对我说等他卸任后，要到南方的小村里专心读书写字，想过一个安稳的晚年。有一天又说他想买下一座荒废的小山，然后在那里种植花草树木，过过清幽的生活。

“能养两三只乳牛也不错吧？每当放假的时候有一些孙子孙女来我家，热热闹闹的应该也挺好玩的。”

其实父亲在说这些话的时候，我就有预感父亲已经下了决心。他想离开政治圈，想在一个安静的地方好好度过他的晚年。

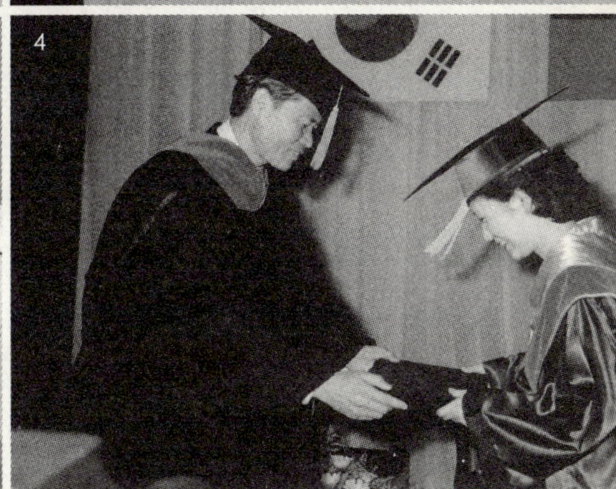

1. 与父亲在镇海樱花树下合影。

2. 父亲离开我们的那天。

3. 全家在一起的光景，好想回到那个时候。

4. 台湾文化大学名誉文学博士学位受赠式。

1. 怀念父母亲的追思事业是我需要亲自负责的事情。父亲留下来的画更是重要的资料。
2. 为了矫正扭曲的历史，我打破了漫长的沉默，决定开始接受媒体采访。
3. 每次来到儿童会馆的槿花园，仿佛回到了母亲的怀抱一样有种平静的感觉。
4. 在父亲去世十周年追悼仪式中读追悼文。

第三部

孤单又漫长的航海

在青瓦台生活的十五年期间，

毫无选择地我也成了爱国者。

当对父亲的毁谤与流言传得沸沸扬扬的时候，

有人劝我暂时离开韩国过段时间。

但是我做不到。

这里是我出生长大的国家，是我的土地。

不管去到哪个国家生活，

都比不上住在自己国家理直气壮又幸福啊。

就算再痛苦再疲惫，

我都会在我的国家完成我的人生并长眠在这片土地里。

离开青瓦台后，踏出的每一步都有着岁月的重量和各种含义。

再次面临的悲剧

悲剧再次无声无息地找上门。1979年10月26日清晨，父亲说“今天要去参加在插桥川举行的仪式”。我向他道别后，父亲就离开了青瓦台，那是一如往常的一天。那天我一样在青瓦台接待贵宾，度过了忙碌的一天。父亲回到青瓦台是在下午三点左右，听到直升机的声音后知道父亲已经回来了，但是因为有贵宾来访，和父亲的见面就移到了晚餐时间。等贵宾回去后，我去找父亲才得知，晚上他已经和其他人在宫井洞有约。过去父亲在外用餐时，都会用电话事先告知，但那天因为我在见外宾，就告诉秘书要我自己先在家用晚餐。

那天我从电视里看到插桥川的完工典礼。按下排水闸门的按钮后，巨大的水柱从闸门倾泻而出，父亲看到这景象露出了非常满意的表情。不知道为什么那天他的脸色异常苍白，虽然是用黑白电视观看，依旧能看得出父亲苍白的脸色，现在回想起来，当时他的面孔仿佛不像活在这世上的人一样。而当时的我只想着父亲的健康恐怕亮起了红灯，得要更加注意他的健康才是。

之后跟随在父亲身边的秘书才告诉我，当天其实发生了许多不寻常的事情。明明彻底做好了万全准备，但当父亲揭幕的那一瞬间，纪念塔上的布幕却只拉下了一半。活动结束之后为了要用午餐而前往道高温泉观光饭店，结果那里饲养的獐子听到父亲搭的直升机的声音，吓得到处乱跳，最后撞到树上死掉了。也许这些事情都只是巧合，但这些状况确实也都发生在那一天。

我隔天的行程很满，所以决定要早点入睡。差不多夜里一点三十分左右，我被电话铃声吵醒。“麻烦请起床准备一下。”听到电话另一边秘书的这番话，我的脊背突然升起一股寒意，脑中像闪电般闪过母亲当初被暗杀的画面。

稍后金桂元秘书室长来到了官邸。

“总统阁下过世了。”

听到这一番话，我的身体瞬间冻结。

“怎么会这样……”

金桂元秘书室长简单向我报告了当晚发生的事情。

“前方没有任何异常吗？”

这句话无意识中脱口而出，我顾虑的竟然是三八线的安全，也许我当时担心的是朝鲜会趁着父亲过世这个时刻发起武力进攻。

我不记得那天晚上是怎么熬过去的，恐怖的宁静缓缓包围，一开始只是一阵寒意袭来，接着全身上下开始不停地颤抖起来。当一个人受到太大打击时，听说是哭不出来的，那晚我终于明白了。慢慢地全身的感觉逐渐消失，仿佛置身在令人晕眩的梦境之中。

父亲的遗体在凌晨天一亮就移回了青瓦台，就安置在五年前放置母亲遗体的屏风后面。那一刻，即使有人在背后刺我一刀，恐怕我也不会觉得痛了。

父亲的表情非常安详，仿佛睡在一个非常舒服的梦里一样，非常平静。我抓紧父亲已经失去温度的手，这是此生父女之间最后一次的告别。父亲还有太多话没对我说，多希望自己能像个孩子一样哭闹，叫他不要丢下我们离开。

当我恢复意识时，看到号啕大哭的弟弟，他怕哭声太大，用手捂着嘴巴。我看着他，心里仿佛撕裂般地疼痛。槿令的眼里也不停地流下眼泪，外表看起来坚强又活泼的她，其实是一个心思非常细腻的孩子。于是我静静地拥抱了我的弟弟妹妹，就像母亲过世的时候，父亲紧紧抱住我们一样，我用力地紧抱住我的家人。

父亲走过的最后一程。

突然想起中秋节前夕，父亲到母亲墓园扫墓回来的时候对我说的话。他说“我也好想去，过不久我也会去的”。或许当时他已经预见了自己的命运，想到这里我的心更加剧痛。

灵堂设置在青瓦台的接见室里，丧礼以九日丧的习俗举行。我们为一般民众另外准备了焚香所，从丧礼当天开始就不断涌入哀悼人潮。前来奔丧的人龙超过景福宫的围墙，甚至看不到尽头，青瓦台内则不分老少全哭成了一团。

白天我会先隐藏心中的伤痛迎接前来吊丧的客人，但到了晚上痛苦就开始袭来。好几天我根本阖不上眼睛，仿佛胸口被敲了一根钉子一样，痛到无法入睡。这感觉让我觉得不像现实，而是在梦中被噩梦追赶一般。

不知道是怎么回事，我的手脚像是要被折断一样剧烈疼痛，撩起丧服才发现手臂像是被棍子打过一般到处都是紫色的瘀青，而且不只一个地方，看起来就像是拔过火罐一样，大大的瘀青从肩膀到脚底都是。担心我的槿令到房间来看我之后，急忙跳起来要我赶快去医院，但当时那个情形不方便这么做，所以我决定去青瓦台内的医务室。

“突然受到太大冲击和精神上的痛苦时，偶尔会出现像这样血液凝聚在一处的症状。”

医生从医学角度来作说明，但是我完全听不进去。反正只要能确定这个病不会让我死就行了，我告诉医生说我明白了。转身要走出医务室的时候，听到医生用紧急的口吻对我说：

“您一定要休息啊，必须好好静养才行，不然要不了多久就会昏过去的。”

我再次回到焚香所。在前往焚香所的路上，一位太太跪在我面前大声痛哭了起来。

“怎么会这样啊……老天爷实在太无情了……”

我把那位太太扶了起来。也许是哭了一整天，她的脸肿肿的，整个人看上去精疲力竭。我请旁人把这位太太送到医务室，然后就这样静静看着她似乎快要昏倒的背影。很多人像她一样为父亲的去世感到难过，前来灵堂的都是真心哀悼的吊唁者，对我来说也都是需要感谢的人。办完了九日丧，人民的哀悼队伍依旧没有中断，青瓦台前面摆着满满的菊花。

我洗着沾有父亲鲜血的领带和衬衫，根本无法忍住心中涌出的悲痛与泪水。秘书室长交给我父亲的衣物时，上头沾满了鲜血。因为要急救开刀，还有被撕开过的痕迹，看着这样的衣服，我的眼泪终于流了下来。想起几年前清洗着沾有母亲鲜血的韩服时的情景，我就这样无力地倒在了地上。

不只是一位，父母亲两位都中弹过世——我痛恨这惨酷的现实。洗着沾有父亲血迹的衣服，那晚我流了一般人恐怕要哭上一年的泪水。当时我正在度过比死还要痛苦的岁月。

离开青瓦台

九日丧之后，我就离开了青瓦台。

五年前，母亲突然离开我们之前还常说着“我们要再回到新堂洞”。最后弟弟妹妹和我在没有父母亲陪伴的情形下，三个人被迫在新堂洞展开新的人生，当下我必须填补父母亲的空缺，担任这个家庭的一家之长。

看着新堂洞寂静的家，仿佛是被丢在深山中一样孤单无助。回到新堂洞以后，一直到父亲的百日祭为止，每天都有数百名的吊唁者前来，包括和父亲维持着良好关系的国外贵宾以及一般吊唁者，人数多到根本无法统计。

不知道是谁将客厅里的电视打了开来，电视上正播放着搞笑节目，我也很自然地往电视的方向看过去，却连一丝笑容都挤不出来。每一顿饭也吃得很痛苦，每颗米粒就像沙子一样难以吞咽。

也许是难以接受父亲离开的事实，弟弟妹妹们也开始渐

父亲画的故乡，细腻的手法呈现得淋漓尽致，是我非常珍惜的一幅画。

渐不爱说话了。

新堂洞家每天都会收到几百封的慰问信，我拿起了其中一封，是产业附设学校夜间部女学生写的。

"……听到朴总统过世的消息后，我和班上同学都哭了好久。因为是姐姐的父亲，同时也是我们所有人的父亲啊。请不要失去勇气，要加油！"

李舜臣将军的第十四代孙当时已经是年过半百的人了，他们夫妻带着亲手酿的酒来到新堂洞，说那是我父亲生前最爱喝的酒。

"我们欠朴总统很多人情啊。"夫人看到我憔悴的表情，脸上露出了怜悯与哀伤。她牵着我的手，让我感受到了一股暖意。

我说："只要是我们国家的人，谁不知道李舜臣将军的崇高呢。”夫人回答：“不是这样的。就像珍珠要是埋在泥土里就会失去它的光彩一样，是朴总统让我们国人知道了历史的真相，只有真正爱国的人才会明白为国家牺牲的祖先是抱着何等的忠诚。”

父亲终究没有白白死去，因为太多人记得他活着时坚持信念要做的那些事情。哀悼的人潮不只是在国内，在国外也一样。海外劳工对父亲的悼念更是特别。听说一接到父亲离世的消息，沙特阿拉伯吉达市哀悼用的花和香全部都被买光。派遣到当地的劳动者们，在父亲遗体告别式当天，布置了和韩国当地一样庄严的告别式会场来哀悼父亲，而且因为没有适当的香炉，他们还利用氧炔焊和铜扳手工制作了一款香炉。

父亲之前还寄了泡菜罐头给当地的劳工，可是因为用海运寄出，父亲离世后才抵达。收到包裹的那些劳工们在当地大哭，整个工地陷入一片哀伤的情绪。身为女儿的我，对他们的真诚只能低头表达感谢。

收到从日本寄来的哀悼包裹的时候，新堂洞邮局员工们还在包裹的外面写上“最近过得好吗？好想念您”“我们会陪伴在您身边，加油！”“要多保重身体”等慰问语。

转身离去的人

我们离开青瓦台后，在政治圈内不断出现出卖父亲的言论。我们三姐弟连父母亲的祭日也不敢举行任何公开仪式。结果整整六年时间，我们都没有公开举行过父亲的追悼仪式，只和弟弟妹妹在家里一起默默地祭拜他。

当时连最亲近父亲的人都对我们变得冷漠，这对我来说是相当大的打击。众多不实的消息不断刊登在报纸和杂志版面上，就连表明自己姓名的人说的也大多是谎言，匿名人士说出的不负责任的诽谤则更是多到数不清；况且他们说的事情当中有些我就在现场，连这样也能被夸大扭曲，仿佛真事一样到处胡说。

但是当时的我已经没有任何力量去拆穿他们所说的谎言。就这样，身边的人开始一一背离我们，在世间的不闻不问当中，我们姐弟仿佛消失在历史的背后一样。

原来世上的人心一天就能改变。领导国家十八年的总统，在他过世后受到政治评价是理所当然的事情，但是这样的评价若是因为想要靠拢新政权而刻意去扭曲、造假、毁谤的话，恐怕没有比这更让人感到冤枉的事情了。除了贬低父亲成就的事业之外，还对已经躺在地底下的他进行人身攻击，这一切实在是太令人寒心了。

人们在没有明确的信念之下，为了追随权力甚至可以随意改变自己的主张，彼此没有信义只有算计。能够遵守原则和信念，用一贯的哲学开拓政策的政治家，简直少之又少。

一旦尝到权力滋味的人，就会成天为了不失去权力而战战兢兢，他们不会选择险峻艰困的道路，反而会找寻快捷方式，想要快速成为政坛上的明星。权力这种东西感觉一辈子都能握在手里，但其实某天会突然像风一样消失。权力的珍贵在于我们可以利用它为百姓做更多的事情，但若没有用在国民身上，而是用在个人利益上，结果就会是丑陋的。我在我的日记本里记录着对权力的简短想法，只要有空就会翻阅。

在我搬回新堂洞时才终于明白，住在青瓦台的时期，为何母亲要不停地叮咛我们谦虚又谦虚，那是在“青瓦台”这个权力的核心地带中，保护孩子们的最基本条件。非常清楚权力力量的母亲，自己节制又节制，深怕会用到太多的权力，万事极为小心谨慎。像她这样的贤内助对身为政治家的父亲是一大帮助，母亲一直希望自己的孩子不要停留在权力的边缘，而要像平凡人一样过平凡的生活。她的良苦用心直到我三十岁左右时才有所领悟。

权力是把刀，当权力越大时，这把刀也越锋利，轻轻一动就会伤及他人。因此权力使人惧怕，但真正需要惧怕的人反而是手持那把刀的人。若不是怀有笃定哲学信念及修养并受到上天的护佑，任何人都无法正确地运用那强大的权力。倘若任意挥舞那把利刀，到头来累积的恨意、愤怒与报复欲，将会反过来使其窒息。

——1990年9月2日

应该没有比出卖人来得更悲伤又难看的事情。只要有过一次背叛信义的经历，接下来就会更容易出卖他人，最后只会让自己卑微地过一辈子。

维新时大声喊着“只有维新才是活路”的那些人，在父亲离世后竟然改口说“当时我们能有什么力量反对他呢”，我真的觉得人生很悲哀。

曾经以为非常疼惜我的那些人，在损益计算后都改变了态度，反而是一些没有过多少交流的人们，还会心疼我们，试着想要给一些帮助。我在那种现实中，学会了看破人的内外是多么重要的一件事，我要感谢的并不是多给我一杯水的人，而是那些心和理念不会因时势而动摇，以一贯真诚态度对我的人，也就是内心诚实的那些人。

至今每当看到媒体把我一路走来的这十八年写成隐居或蛰伏，脸上会浮出一丝苦笑。当时我依旧留在大韩民国，也是每天努力生活的大韩民国国民。

与眼前巨大的高墙奋战

包括金大中绑架事件、郑仁淑事件，报章杂志上刊登了许多超出常理的事情。第一次接触这种假新闻的时候，简直就像血液倒流一样感到气愤。

有一天看到新闻说，因为父亲是独裁者，所以其他国家禁止父亲拜访，导致父亲无法前往国外。看到这些内容真是令人莫名其妙。因为父亲不仅拜访过美国、澳大利亚、德国等无数发达国家及东南亚国家，还曾说过接下来不如干脆直接请外宾到我国来进行访问。

“往后几年我们要以国民收入一千美元为目标来迈进。百亿出口应该也不是梦。每次出国的时候包括随扈在内有很多人必须陪同一起出国，这些经费都是从哪里来的？所以干脆把外宾请到我们国家来，让他们看看我国发展的模样，这样就可以省下很多钱，也比较实在。要是他们看到我们日新月异、突飞猛进的发展，应该就能快速改变战争国或贫穷落后国的错误印象。身为第一夫人的你，工作可能会变得更加忙碌，希望你能好好帮这个忙。要是这个时候你的母亲还活着能给我一些建议，或许我的心会比现在更踏实一些……”

这些话是在某个秋天的夜晚，和父亲聊到的内容。父亲对于用在自己身上的钱，总是如此斤斤计较。每次巡访都需要有随扈和大批人马相随，但这么一来会花上许多钱，后来父亲常提醒要以最简化的人力外出巡访。

媒体的力量非常强大，人们毫不怀疑地相信并接受了那些错误的报导。开始出现第一个谎言之后，扩散速度更是快到惊人。原以为置之不理，那些恶性传言应该会逐渐消失，但没想到时间过了，却不见消失的迹象。那段时期的我仿佛面对一面巨大的墙壁在作战一样。

当时媒体报导金大中绑架事件的时候，我就在父亲身边，还记得他非常生气地说他们简直是多此一举，甚至还怀疑这或许是朝鲜刻意想要让韩国政府陷入危机的一个计谋。因为当时我就在身边，所以记得非常清楚。但是金大中绑架事件的相关消息却和事实有着天壤之别，媒体说那是父亲下达的指示，而我也多次在媒体采访中强调过，这和事实完全相反。

另外，传闻一位名叫郑仁淑的女人生下了我父亲的孩子，最后也被证实是子虚乌有之事。要一一查出真相并不是件简单的事，我希望得到最公正的评价，重点是父亲死后发生这种事情，让我感到非常心痛。不过，这也算是付了难以计价的学费，学习到任何人都无法轻易学到的一堂宝贵人生课程。

在担任第一夫人的那段时间，我身在可以了解国家整体脉动的权力最上层，但是父亲离世之后，我也尝尽了社会最底

无数的误会筑成了厚实的高墙，为了推倒那堵墙，我决定打破沉默，接受媒体的专访。

层的滋味。多年来我忍受了无数的出卖，简直就像是站在山崖的边缘般岌岌可危。被曾经信赖的人背叛，让我看清了人类对于欲望和权力的执著。那是一段非常苦涩的经验，但也是人生中最昂贵的教训。

沉默的时间，一切都会事过境迁

时光飞快流逝，回想过去的时间对我而言就像是座必须翻越的险峻高山。旁人对父亲的出卖依旧没有停止，我已经无法袖手旁观了。在我眼里的父亲除了自己的祖国——大韩民国以外从没有过任何私心，不，应该说他的全身心都被“祖国现代化”这个理念给占据了，除此之外没有任何能容纳其他想法的缝隙。

我抱着要纠正错误、洗清父亲冤屈的想法，开始整理起父亲留下来的遗物。为了纠正对父亲的误解而开始了“父母亲追悼事业”，我相信这是身为子女正确的选择。

在追悼事业起步的时候，我非常需要愿意帮忙的人，但现实是冷酷无情的，大部分的人甚至不愿见我。那个时候，父亲的政绩被全盘否定，就连周围的人也不愿多谈他的事情，这是可想而知的结果。可是俗话说“有志者事竟成”，当初和我有相同理念而被强制解散的人们，突破了重重困难又再次聚集在一起，在追悼事业的进行上帮了非常大的忙。

如同“到了寒冬才会懂得松树的绿”这句话，以纯粹之心帮我们的那些人，我认为才是真正有勇气和信念的人。不顾当时社会的冷漠视线和压抑，愿意和我一起工作的他们，其真心不容一般人自行解读。对于在当时那种艰困的环境和条件之下，给予我许多帮助和关怀的那些人，我总是心怀感激。

借由这些帮助，终于开始了对父亲的重新评价工作，发行了《民族的指导者》一书，也录制了电影《祖国的灯火》。付出这么多的努力之后，媒体开始慢慢对事情真相有了披露，也渐渐地对父亲有新的评价。

我一直非常珍惜父亲和他那一辈人对这个国家的产业化所付出的汗水与泪水，也对为了国家民主化而努力付出的那些人给予非常高的评价。其实父亲那个年代，最紧迫的任务就是从朝鲜南侵的威胁中保护国家，使国民脱离贫穷和饥饿。因此从民主化的角度来看的话，的确存在着许多不足之处，在进行民主化运动的过程中，受害的人也的确是存在的。

我对那些人总是抱着非常大的歉意，能有今天的大韩民国，他们的牺牲是无价的。我认为唯一能报答那些人的方法，就是将父亲生前未完成的民主化事业发扬光大，并努力让国家变成一个人民生活富裕的国家。

新心服务团被强制解散后，自然无法从事任何社会活动的1980年代，我暂时担任了岭南大学的理事长。但是学校的政治运动圈非常反对我担任这份职务，最后只好放弃。我从未对那份职务存有私心，也从不认为那是我永远必须保持的位置。但是父母亲用上自己的一生所做的事业，由我继续做下去则是我的使命。因此我担任了母亲留下的育英财团的理事长一职，然后把她生前做的事情默默地延续了下去。我在儿童会馆里盖了槿花园和木莲亭、英海楼等韩国传统样式的房子，让从幼儿园到青少年的学生，都可以到这个地方来学习韩国传统生活礼仪，现在这些地方依旧是孩子们学习生活的好去处。

有些人胡乱推测我离开育英财团的理由。我不希望母亲亲手建立的儿童会馆竟成为造成我们姐妹纠纷的根源，这种事情是绝对不被允许的。偶尔听到财团内发生问题的消息时，心里虽然感到惋惜，但还是相信妹妹一定能够撑得住。

离开育英财团后，我终于开始有了属于“自己的人生”，就是一直以来非常渴望的平凡生活，每天都过得相当平静。我用写日记和读书的方式整理混乱的思绪，有空的时候也会写写诗来安抚自己的心。那段期间，我发现用对的方式活下去才是真正有价值的人生，人生中重要的不是金钱、名誉或权力，那些只不过是一瞬间就会消失的海市蜃楼。

重视现在这一刻

就像大自然服从于按照顺序出现的四季般
我顺应着按照顺序展开的人生旅程
今天，不，现在这一刻比什么都来得重要
太阳一升起，就开始觅寻食物
筑巢、哺养
太阳下山又回到自己的窝
像那无心的小鸟般

迎接今日又送走今日
一天又一天接踵而来的工作
每一瞬间处理完成的工作
那其中有着人生的意义和乐趣
也有值得真诚付出的价值
何处还能再找到这一切

摘自《终究是一把，终究是一点》

有一天我开始学起丹田呼吸法，丹田呼吸法对精神健康帮助颇大。心平静了，当然肉体就会变得健康，胸口的郁结也开始慢慢消失了。开始使用丹田呼吸后，身体的免疫力也变好了。父母亲过世的打击，让我身体变得非常虚弱，也很容易感冒，但是自从开始丹田呼吸后，胃和肠变得舒服，感觉像是五脏六腑回到了该有的位置，另外也培养出胆量和毅力，慢慢地恢复了自信心。其中，阅读应该也有着一定的功劳。

那段时间我读了《法句经》、《金刚经》等佛教经书和《圣经》。也将东洋哲学相关书籍和《贞观政要》、《明心宝鉴》等书放在床头随时阅读。要是先人们的教诲中有喜欢的字句，我就会抄写在笔记本上，每当思绪混乱的时候就会翻开来看。

《明心宝鉴》中写着：“以责人之心责己则寡过，以恕己之心恕人则全交矣。”另外奥修（拉杰尼希）[①] 也说过：“虽然人

① 奥修（1931—1990），生于印度，曾任哲学教授。“拉杰尼希”是他的早先用名，“奥修”是后期用名。

生短暂，但有星星、月亮、花朵、男人、女人、江、山等无数欢乐相陪。而你却还要继续争夺，愚昧地过这一生吗？你空手来空手去，当你领悟到这件事时，一切就会自然变得明朗。”这两段文章看似简单，但是要明白其中深奥的真理并加以实践并不容易。我从这些文章得到了安慰和平静。

子曰：君子耻其言而过其行。

《论语》

1991年11月11日　星期一

横渠说政治家只应知道义理之道。“外虽积险，苟处之心亨不疑，则虽难必济，而往有功也。今水临万仞之山，要下即下，无复疑滞。险在前，惟知一义理而已，则复何所避？所以心通。”

横渠

横渠先生说人要学着放宽心，要尊重义理过日子。“惟心弘，则不顾人之非笑，所趋义理耳，视天下莫能移其道。然为之，人亦未必怪。”

《近思录》

1991年11月19日　星期二[1]

① 以上三段摘自朴槿惠笔记本。

到了三十好几岁的时候，人生中可以享受的乐趣开始一个个增加。当有了闲情逸致后，我开始学起了中文。每天收看EBS教育电视台的中文教学节目，随身携带卡带，一有空就会反复练习。过去学习英文、法文、西班牙文时努力苦读的经验，在自学中文时也起了很大的作用。因为早已明白学习语言时，不停预习和反复练习才是王道，相信认真的态度一定能让自己多一份实力。不管什么事情都是第一次比较难，第二、第三次就轻松了。

实地走访文化遗产是父亲过世之后尚未重返政坛前最令我开心的事情。过去在青瓦台期间，我的心愿就是能走遍我国各地，因此经常踏上期盼已久的旅游之路。

有一次去了端宗[①]的流放地。虽然现在已经整理得很干净，观光客的脚步也络绎不绝，但是想到端宗当时的心境，我的心也跟着难过了起来。被所有人背叛后在流放地度过的那些日子，应该比死还要来得难过。每当端宗思念妻子的时候会爬到观音松上哭诉心中的思念，这样的故事更让我感到一阵的哀伤。

在清泠浦的短暂时间，时光仿佛倒转了好几百年。我成了端宗的同伴，而他也成了我的好友，两人坐在一起你一言我一语地聊起心中埋藏已久的真心话。当我要离开那里的时候，鼻

① 朝鲜王朝第六代君主。父亲文宗死后，年轻的端宗继位，之后因叔父首阳大君发动政变，被迫让位，并被流放外地，同年底赐死。

头有着微酸的感觉。这些日子的平静是我身为第一夫人时从未想象过的。舒适的鞋子加上简单的牛仔裤，我走遍了全国知名的大山和遗迹，独自一人走在乡村小路上感觉是那么地舒服。路上遇到的人们露出的淳朴笑容，把我心中的闷气一扫而空。在我到处走访乡村小路的过程中，也听到了几个很有趣的故事。村子里的大婶们正在晒辣椒的时候，看到我经过就把我叫住，她们旁边放着刚煮好的面条。

“我说你呀，虽然不知道你是从哪来的，反正用餐时间也到了，过来一起吃碗面再走吧。”

“谢谢，不用了。”

我怕会打扰到大婶们的快乐时光，所以婉拒了她们的邀请。结果大婶们一脸失落。

“是因为没什么配菜吗？”

我因为走了很长的路，其实肚子也真的饿了，况且要是再拒绝恐怕就难堪了，所以就走向她们。一位大婶马上在碗里装了满满的面条给我，乡村的人情味让我感到相当温馨。

“刚才还说不用，结果吃得还真香啊。你看起来好眼熟，我在哪里看过你吗？”

有一位大婶还在想这个问题的时候，另外一位大婶急忙回答了她。

“是不是三洞里里长的大女儿啊？好像和那家的女儿长得很像呢。”

“不对，她家的女儿嫁人之后，和丈夫一起去美国过日子了。我的记忆力算是很不错，可是就是想不起来呢。你认识我吗？”

这时一旁不发一语的一位老奶奶突然对大婶们喝道：

“你们让她好好吃完面继续上路就行了，干吗这么多话？有句话不是说‘吃饭最重要，谁都莫打扰’嘛。”

在温馨的聊天声中，我吃完了一大碗面，原本空空的肚子也变得满足有力了。

“谢谢您的招待，可是现在的我没什么东西能送您当回礼。下次再有机会走这条路，我一定会拿些饮料过来见您。”

这时候大婶们异口同声地说：

“我们只是多加了一副碗筷而已啦。有什么好谢谢的。”

吃了那碗美味的面之后，我开心地离开了那里，此时那位沉默寡言的老奶奶紧跟在我后头。

“我知道你是谁，和死去的陆女士长得真像呢。她生前做了太多善事，就算其他人把她忘得一干二净，我这老人家是绝对不会忘记她的。拉电线到这个小乡村的人是你爸爸吧？”

说完奶奶就从口袋里拿出了揉成一团的几张钞票，要我拿去当零用钱。我不停地婉拒，老奶奶依旧把手里的几张千元钞票塞到我的手里，之后转头就离开了。

“振作点，往后的日子还很长。”

那句话不晓得让我有多感动，眼泪就这样不受控制地夺眶而出。

年龄送给我的珍贵礼物

结束了江原道之旅，回到首尔的路程看似很遥远却又近在眼前。看着窗外不停变换的景色，有种说不出的惆怅。原以为过去的时光就像做了一场漫长的噩梦般，被远远地遗忘，没想到遇到记得当时的人，让我感到既高兴又感激。和父母亲一起住在新堂洞老家的珍贵回忆，以及在青瓦台和母亲生活的时光，对我来说就像一场梦一般既美好又短暂。

在被人们渐渐遗忘的同时，我得到了安定与平和。那种感觉就像是原本穿着高跟鞋走在山路上的我，突然换了一双运动鞋一样。参观宁越郡的端宗墓时，走在冰冷的寒冬中依旧散发着绿色光芒的松树林里，我想这就是所谓的幸福吧。

在那时候，我踏出了文人的第一步，出版了集结我日常生活与思念的《要是能出生在平凡家庭》，之后又发行了散文集《终究是一把，终究是一点》。不知不觉地我也成了文人协会的会员。我读着多种不同领域的书籍，把好的句子抄下来做笔记累积自己的修养，就这样过着平淡的日子。当时写下的那些笔记，至今依旧是我人生的指南针。

前往陌生的地方旅行，享受过去从未享受过的平和与悠闲。

到了四十岁以后，我的内心变得更加包容，这是年龄给我的礼物。观看人世间的视线也变得柔和了些。岁月在我的眼角留下细纹的同时，也透露了我的年龄，这样的我看起来一点也不陌生。偶尔在脸上看到母亲的影子时，反而有种安心的感觉。

我很满足于这种平静的每一天，中间时常会有人问我要不要重回政坛，我都是毫不犹豫地回绝。

大学毕业的那一年，母亲好像考虑过要把我嫁出去。春光明媚的某一天，和母亲一起喝茶的时候，母亲提起了结婚的话题。

“你的理想型是哪一类型啊？”

“我还没有具体思考过这问题，所以目前还不知道该怎么回答您。”

“仔细想想看再告诉我吧。人生最幸福的事，莫过于找到一个好的伴侣相依为命过日子。”

如果母亲没有过世的话，我恐怕会像一般人一样，在一个平凡的家庭里过着家庭主妇的日子吧。但那种日子对我来说已经是早在年轻时就落幕的梦想。代替母亲担任第一夫人的要职以后，我的每一天忙得不可开交，根本没空去想恋爱和结婚这回事。大学时期因为是总统的女儿，所以更没有自由可言。现在想想，我好像都没有谈过像样的恋爱呢。

就像穿越沙漠的骆驼一样，我的青春岁月就这样默默地度过了，但我从不留恋或后悔。在每一瞬间我都做了最佳的选择，走过的每一步都是值得的。但是偶尔在路上看到结婚生子，牵手一起散步的老夫妻，那平凡的小小幸福，是多么地美丽又珍贵。也许是因为自己没有拥有过那种人生吧，所以感到更加难能可贵。

一大早若要买豆腐等食材，我就会走到家附近的小杂货店，每次到了店里总会看到从凌晨就开始忙碌工作的年轻夫妻。我很喜欢看着他们努力工作的模样，所以舍弃到大超市购买食材，成了这家小杂货店的主顾。先生汗流浃背地扛着沉重的货物，年轻妻子则心疼地拿起毛巾帮他擦拭着汗水，看着这样的两人，我不禁会心一笑。像这样一点一滴存下来的血汗钱，他们会用这些钱送孩子去念书、买自己的房子，也会梦想自己晚年的悠闲生活。看得出来这对夫妻互相有着坚定的信念，相信不管遇到什么困境，一定都有办法携手度过。在别人眼里虽然那间杂货店小到不起眼，但在我眼里看到的却是只要两人同心协力开心经营，就没有什么事情难得倒他们。这对年轻夫妻给了我这样的信心。

就像人生的智慧并不是一天就能累积一样，幸福也不会自己找上门，平常有准备有努力的人才能尝到幸福的果实。

在重返政坛之前，要说我每天都在过着学习的日子也不为过。虽然生活与政治无关，但是每天都会固定看报纸和电视新闻，从未间断过对这个国家的关心和担忧。

在青瓦台生活的十五年期间，我毫无选择地也成了爱国者。当对父亲的毁谤与流言传得沸沸扬扬的时候，有人劝我暂时离开韩国过段时间，但是我做不到。这里是我出生长大的国家，是我的土地。不管去到哪个国家生活，都比不上住在自己国家理直气壮又幸福啊。就算再痛苦再疲惫，我都会在我的国家完成我的人生并长眠在这片土地里。

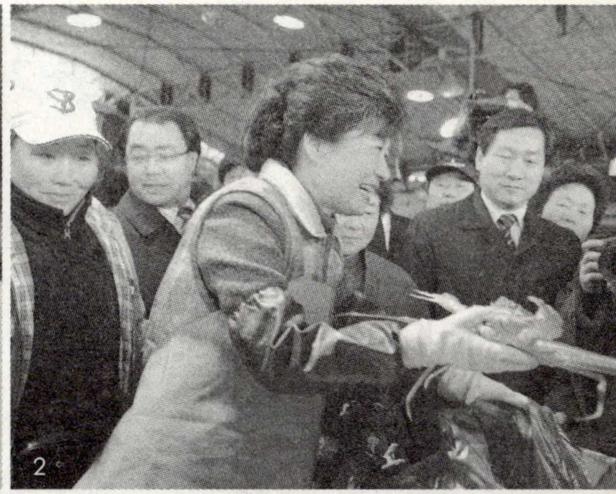

1. 不管到哪里我都会倾听人民的声音，这个承诺将伴随我的人生直到永远。

2. 每当遇到民众，我就能得到力量并露出微笑。在浦项竹岛市场。

3. 察看民生状况后的回程路上，不停的来电通知我接下来要察看的去处。

4. 紧张的“4 · 15”总选开票现场，渐渐开始听到胜战的报导。

1. 和年轻人见面总是开心又新鲜。
2. 被袭击后，我承诺第二段人生要和国民一起同甘共苦。出院之前在医院病房。
3. 结束两年三个月的党代表职务演说时，我可以明确表示自己的希望变得更大也更确定。
4. 为这些孩子建立一个灿烂又务实的未来，这就是我的目标和希望。

第四部

大国家党代表朴槿惠

终于，

我决心要走“政治人朴槿惠”这条路。

我下定决心要为大韩民国的前途奉献余生，

即使将来要越过的山岭再险恶、再陡峭，

我也不想再犹豫了。

于是，我重新踏进了政界。

被选为大国家党党代表的那天，人民又给了我一项使命，我也决心要走向那条路。

从现在开始

1997年爆发的IMF危机[①]对我而言是非常大的震撼。媒体每日不断报导国家面临破产危机、大量失业情况，以及民众陷入生活困境的相关新闻，这些消息看在我眼里，心底不禁一阵愤慨。当初如此艰难创建的国家，怎么可以就这样应声倒下。今日的经济成长并非一朝一夕达成，是千万民众流血流汗的成果啊。眼看国人辛辛苦苦累积的成就之塔可能就要瞬间倒塌，实在让我揪心不已。

回想1960和1970年代，韩国还是全世界最穷困的国家之一。既没有钱，也没有其他国家援助，是联合国一百二十多国中位居印度之后的穷困国家。国民收入才仅仅七十六美元，当时国家穷到连菲律宾的国民收入一百七十美元都还远远不及的程度。现在的中壮年们大部分都经历过那段贫穷岁月，辛苦奉献过他们的青春。

那个时候，家庭主妇们甚至将自己的头发卖掉，以换取大

① 当时濒临破产危险的韩国，向IMF（世界货币基金组织）贷款，简称IMF危机，即一般所说的“亚洲经济危机”。

米和蔬菜。而那些头发收集之后被做成假发出口到国外。而且，没有国家愿意借钱给贫穷的韩国，所以政府将矿工和护士送到西德，以他们的薪水作为担保，这才借到了一亿四千万马克。

无数年轻人一心为了脱离穷困，将自己的青春全都奉献在异国他乡。如花的年纪，远赴他国工作，那些护士们在语言不通的环境下从事擦拭尸体等工作，辛苦赚钱寄给韩国的家人。历经这样的痛苦，韩国才有了今日的经济成长。

1970年代，我们的目标只有一个，就是希望韩国在短时间内可以成为国民收入达到一千美元的国家。总统与国民齐心合力，都为此勇往直前。不分你我，为的都是能成为一个全民三餐能吃饱的国家、安全无忧的国家。

我比任何人都还要了解这段韩国成长崛起的历程，所以当我看到韩国面临IMF危机时，比谁都更加心痛。我担心过去所建立的许多成就，很有可能一夕间成为泡沫消失。想到这点我就会不自觉地冷汗直流。

有一天路过乙支路，眼前的情景使我难掩心中的悲伤。露宿街头的街友们排了很长的队伍等着领免费配给的晚餐，我和其中一位排队的人四目相交，他急忙慌乱地扭过头去。若不是因为爆发IMF危机，他应该和家人在快乐地吃着晚餐吧。或许他曾经是某个家庭里有着稳定薪俸的家长，然而现在双肩却如此畏缩。我在心里问："这到底是谁造成的？"

那天之后好几天以来，晚上总是辗转难眠。即使工作做到一半，我也会不自觉地叹气，吃饭时也没什么胃口。不管是看报纸、电视，还是环顾周遭，都看不到愿意出来负责的政府官员。关于这个国家为何会变成这个样子，我只听到有人责怪财经人物，也有人大声斥责十八年前去世的父亲。将此刻的外汇危机归咎于60和70年代的工业化，实在是太不合情理了。

爆发IMF危机之后，我开始苦恼自己到底能为国家做些什么，即使事小，也要为国家做点事才对。但我实在没有勇气再次从政，因为在青瓦台的日子早已深切体验过责任者被赋予的“无限责任”，以及毫无自由的公众人物生活。90年代之后，好几次有人提议要我出马参选国会议员，我都郑重地予以拒绝。

IMF危机爆发前，我好不容易才从离开青瓦台的阴霾之中走了出来，过着平静的生活。但是IMF危机之后看到接二连三发生的事件，我不断问自己：“国家都已经如此摇摇欲坠了，我还能独自过着平静安逸的生活吗？这样日后要如何坦然面对自己呢？死后又如何问心无愧地见父母呢？”十年之后忆起今天，可能会自责“只为了自身安宁而不顾应尽的责任”吧。到了该下决定的时刻了。

终于，我决心要走“政治人朴槿惠”这条路。我下定决心要为大韩民国的前途奉献余生，即使将来要越过的山岭再险恶、再陡峭，我也不想再犹豫了。于是，我重新踏进了政界。

选择了大国家党

1997年12月10日，八天后就是总统大选的日子，我决定支持大国家党的总统候选人李会昌，并正式参加助选活动。我之所以选择大国家党，是因为认为李会昌候选人长久以来一直都是个清廉且有能力的领导者，如果和李会昌候选人一起努力，相信将可以用智慧解决IMF经济危机。

1996年的国会选举前，自由民主联合党曾经问我要不要到龟尾市参选，但我并没有答应。因为当时我并不认为一定要跳进政界才行。然而，这次不一样，眼见国家经济摇摇欲坠，危机感已使我内心一片黑暗，我得站出来才行。一想到艰辛创建出来的国家即将崩溃，便觉得焦急万分，因此我决定要出来为李会昌候选人助选。岭东、大邱、浦项，我开始马不停蹄地跑遍全国，整天忙于助选活动。

虽然长久以来我远离大众的视线，但在助选时仍有很多人认出我来，还很热情地向我打招呼。特别是在大邱的助选活动，当地民众反应超乎我的想象。即使夜已深，还是人潮汹涌，挤满街道，拥挤程度连踏脚的空隙也没有。民众的欢迎也

可以感觉到那些喊着朴槿惠的民众脸上尽是对政治的期许。（注：奶奶举的是写着“槿惠，别哭”的牌子）

让我百感交集，他们不停喊着“朴槿惠”，甚至有人一看到我就抱头痛哭。他们让我强烈感觉到，每个人都热切希望能有好政府。于是，我的心情更加沉重。

不久后，我在支持李会昌候选人的电视演说中向国民真心呼喊：

“我父亲说过，他第一次向国民介绍《请好好活下去》这首歌时，内心感到十分凄凉，非常悲伤，可见当时我们的生活有多苦，竟然到了要喊出‘请好好活下去’的地步了。可是我父亲说，要一直听，直到国家达成现代化，直到经济稳定为止，要一直听《请好好活下去》这首歌。我们忍受了多少苦难，才在这战争废墟上建立了今日的祖国……”

隔天，我到浦项的竹岛市场助选时，市场里做生意的商人与来往的行人都来拉着我的衣角，眼眶泛红地说昨天看到了

决心踏进政界时，给予我最大支持的就是民众。

我的演说，突然间，整个市场很多人都哭了。这突如其来的状况连采访的媒体也吓了一跳，纷纷摄影取材。越来越多的人围聚过来，到处有人哭泣，加上各大媒体都在拍摄，市场内的景象宛如一部伤心的纪录片。

群众将我团团围住，就连想移动脚步也动弹不得。

“加油啊！”

“请出来拯救国家经济啊！”

民众的呼喊声此起彼伏。

到了竞选活动的最后一天，抵达京畿道河南市时，虽然夜已深，仍然有非常多的民众在等着，许多人要与我握手，人多到连我的纽扣都被挤掉了。

在马不停蹄拜票助选的这段时期，我也曾经历过危险时刻。在我坐车要去天安市助选时，路上发生了车祸，刚刚经过收费站正要右转的瞬间，后方来车从旁边擦撞了上来，撞击之后刚好惊险地停在我们旁边。我坐的那辆车的车身严重毁损，人们惊吓地喊叫着“救护车！救护车！”要我快去医院检查，但是一想到正在等着我的民众，我无法前去医院，还是继续赶去助选。

决定踏入政坛之后，八天来，我实际感受到了民心的力量有多么大。拜票助选时遇到有些人握住我的手，说曾在我当第一夫人的年代见过我，一面说一面流下欣喜的眼泪。

那个年代见到的年轻的公交车售票员们、面带纯真笑容的职校学生们、稚气的高中生，如今他们已结婚生子，为人父母，脸上带着岁月留下的皱纹。见到他们就像见到我年轻时的朋友，既高兴又激动。心里暗下决心不能辜负他们的期望，至少，我要做到的就是绝对不当一个不负责任的政治人。

达城大胜——"4·2"再补选

金大中总统当选后政权轮替，大国家党首度变成了在野党，这对于大国家党而言是一大打击。正当大国家党还不知道下一步该怎么走时，迎来了1998年4月2日国会议员再补选，这是影响党命运的一场重要选举。

在政权已轮替的情况下，如果连釜山、大邱、闻庆这三个都市的再补选也败选的话，大国家党将面临无可避免的崩溃危机。再加上金大中总统就任后得到了百分之九十以上的支持度，此时大国家党无论到哪里都难以赢得选战。

在这个时间点，闻庆、醴泉的市民们提议要我去他们那里参选，那是父亲年轻时当老师的地方，与我也有些因缘。当地市民表示："只要您决心出马竞选，别担心选举的事，我们都一定力挺到底。"听到这番话，我十分感激。经过深思熟虑之后决定出来试试看。我认为，既然已经一脚踏进来了，就该遵守在上次助选时对民众的承诺。

不过计划却出了点变化。因为民调显示，大国家党的票仓基地——大邱达城，不管党内谁出马参选，都会输给执政党候选人，因此党内意识到了前所未有的极大危机感，担心总统大选失败后，要是连大邱也输掉国会选举，大国家党恐怕真的会走向崩溃。

此时，我接到大国家党的大邱市分部长打来的电话，他向我说明了情况之后，请我去达城郡参选。可是和闻庆、醴泉两地不同的是，我对于参选达城毫无准备。知道消息的周遭朋友都对我说："好好的路不走，为何要走这么危险的路？"反对我去达城参选。虽然此事难下决定，但我并没有苦思很久。想到自己从政的理由，就算会输也要帮大国家党，所以我决定要从最困难的地方去赢最不容易打败的对手，这样才是对党内最有帮助的做法。

执政党候选人是达城出身，他对地方基层经营得非常扎实，不仅资金与组织力丰富，长久以来还一直获得政府执政党的支持。从各方面来看，我都处于不利的状况。然而，没有时间可以再拖下去了。我在达城的花园邑城山里找了住所，将户籍迁好，为一个月后即将到来的选举做准备，正式开始竞选活动。然而，一开始就到处碰壁，连我的参谋们也不熟悉达城有哪些邻里。在这种情况下还发生了雪上加霜的事，那就是已卸任的前任大国家党国会议员，也表示因个人因素无法给予任何援助。不但大国家党的党员名册没有交接，原本属于大国家党的达城分部办公室也突然被对手接收，成了对手的选举办公室。我们从新闻报导得知，要交付党员名册给我们的那个人甚至带着计算机消失了，在连个办公室也没有的情况下，简直令人无言以对。我们赶紧先解决办公室的问题，找好办公室之后，又找了一部计算机和一台打印机放在办公室里，三个人开始进行选举活动。我们这边没有人帮忙，人手太少，少到甚至有传言说只要是打领带的人都绝对是对手那边的人。

“对手送了每个邻里月历和卡片，还叫了一整排的游览车让民众免费到板门店[①]观光，所有邻里的餐厅都吵吵嚷嚷的。再这样下去我们要糟糕了，您快想想办法呀，我们这边是不是也该做点什么呢？”

我从选举对策本部听到了这番话，心里实在是很闷。除了没有经费外，如果要我做那种不正当的选举，当初就不会跳进政治圈了。

“为了做国家大事而出来竞选的人如果用钱买票，也等于是对选民的一种侮辱。如果想在混浊的政治圈里同流合污，当初我就不会出来从政了。我是不会用钱来搞政治的，相反，我要再诚心努力一点，多去找选民拜票。请先不要以眼前看到的情况太早下定论。”

有一天，曾帮过我的一位议员来找我，聊了很多之后，他问我：“选举经费有多少？”我的回答很简单：

“没有经费。”

他惊讶地说：

“什么？至少要有基本费用才行啊，总得让助选员们吃饭吧？”

“我的全部财产只有我住的那间房子与几千万韩元而已。如果要我动用现金，我会去筹筹看，筹到法定限额数量

① 位于朝韩之间北纬三十八度停战线的一个村落。

的钱。”

虽然从大国家党那边可以得到最基本的支持，不过他现在问的是候选人自己准备拿出多少钱来竞选，但我确实没有其他另外的财产了。如果说必须用钱买票才能胜选，那么选一百次我也一定会输的。

后来我们在报纸上打了广告，筹到了后援金，但是筹到的金额总共只有三千多万韩元，扣除广告费之后，剩下一千五百万韩元。

“政权交替之后，大家都怕帮助我们会招惹麻烦。”助选员们感叹地说道。

由于资金不足，每餐都无法进餐厅吃，只能自己煮，选举启动后，我们每天就是这么过的。后来消息传出去了，全国各地开始渐渐有人来找我们了。

“这里是朴槿惠候选人的办公室吗？”

有几位大婶提着她们自己做的糕饼，送来办公室。之后每天都有不同的人一群接着一群来访。有些人带着自己做的烤地瓜来找我们，有些人还卖了猪拿现金来资助。突然间，我们选举办公室涌来了许多民众。当地居民刚开始顾及那位执政党候选人，想帮忙也不敢贸然接近，但后来也都纷纷前来，办公室整天热闹熙攘。大邱和庆北的议员们、党员们也开始动员，让每个邻里都有人员负责，宛如自己在竞选般认真。

我到处去每个邻里拜票，任何角落都不想漏掉。有一天在拜票时，正在开车的助选员高兴地说：

“请您看那里！”

许多民众在村子入口处等候，对着我欢呼，我赶紧下车走向他们。一位大婶说他们煮了一大锅的南瓜粥，盛了满满一碗，端给我喝。她说：

“每天到处辛苦拜票，您一定三餐都没好好吃吧？喝些南瓜粥，这是我们听说您要来特地煮的。”

我突然一阵鼻酸。每天长达二十小时的行走，确实三餐都是随便解决的，完全是靠意志力在支撑。我接过大婶端的南瓜粥，连忙道谢，她的手和南瓜粥一样温暖。

到市场拜票时，总是有市场大婶们拿着千元钞票要资助我们。有一次，一位中年大叔拿着黑色包裹，看到我就跑来递给我。打开一看，竟然是牛脚。他说这东西吃了对身体很好，希望我能加油，以便有更多力气赢得选战。

自从新闻报导朴槿惠阵营没有钱但是坚持苦战后，只要到市场拜票，总有很多人聚过来，塞给我装着一千、二千韩元的塑料袋。走到药房，老板送我维士比之类恢复体力的饮料；走到小吃店，老板个个都不收我们的饭钱。而且他们都对我说：

“请一定要赢得这次选举，当个好的政治家。”

为了遵守与他们的承诺，我有义务一定得好好打赢这场选战。所以我花更多时间去拜票，走遍大街小巷，甚至有人因此说我们是可怕的拜票团。从清晨出门，我的腰上就系着计步器，一直走到晚上。通常一天会走大约十万步，走了再走，不停走访选区内大大小小的地方。在竞选期间，我不知走坏了几双皮鞋，每晚总是双腿红肿地入睡，但我还是不知疼痛。

虽然钱与组织都远远比不上对手，但在民心方面可说是大胜。

那些曾经认为一个没有选举资金又柔弱的女人怎么可能胜选的人们，也在时间的流逝下渐渐释出善意。然而，对我的诽谤却也日益增多。我叮咛我的助选员们不要以相同方式响应，不管别人说什么，我行得正、坐得直就好。

尽管在大街小巷拜票时给我的响应让我觉得很有希望胜选，媒体民调结果却还是对手领先，党部因此非常担心。然而，与我一起去拜票的议员们都很乐观地说：

“没想到民众的反应竟然这么热烈，看来很有胜算。”

参谋们个个也都决心拼到最后，只要有选民的地方，即使是深山偏僻的村子也诚心赶去拜票。虽然当时还不能为这些选民们做任何事，但我日后必定会透过干净清廉的政治让大家不后悔当初的选择，我一定要证明给大家看。尽管比任何一位候选人都还要穷，但我有着清廉从政的梦想。

选举当天傍晚，坐在办公室看开票过程的每个人都静默无声。党员们都预想会是一场如履薄冰的胜负，神情难免有些紧张。但是开票后，当初的预想很快被推翻，从刚开票我就一直领先对手几乎多一倍的票数。八点半，开票到百分之二十，我以五千票领先对手的两千三百票，这时参谋们终于有人拍手了。

等到确定当选时，竞选本部瞬间欢声雷动。我激动得说不出话来，脑子里如走马灯般掠过这些日子艰困的情景。二十二岁，母亲被枪杀而失去了母亲，二十七岁，连父亲也失去了，之后所经历的苦痛时光，以及父母的脸庞一一都浮现在脑海里，使我难过了好一阵子。

1998年4月8日，我第一次站在国会的发言台上。

“我在国民面前庄严发誓，将遵守宪法，为国民的自由、福利的增进以及祖国的和平统一而努力，以国家利益为优先考虑，秉着良心精诚履行国会议员的职务。”

发誓时举着的右手令我倍感沉重。一想到从现在起，我是大韩民国的国会议员，心中就百感交集。

“在国家最困难的时候重新踏入政坛，这让我更觉双肩沉重。未来我也会努力于清廉政治，与国民同甘共苦，并尽我最大的努力做到最好。”

如今我仍常回想站在国会发言台上的第一天，只要一想到“那天的誓言我践行了多少”时，就会不容自己怠慢一步。看到还在发达国家的门坎外徘徊的祖国，以及仍然辛苦过日子的国民们，想要休息的念头自然就消失一空。或许那些誓言就是让我在艰难的从政过程中，不断勇往直前的动力吧。

拒绝担任指名副总裁

2000年的"4·13"国会总选，第十六届国会议员新选之后，大国家党为了重组新的党指导部，准备召开全党大会。5月31日将在首尔蚕室室内体育馆所举行的全党大会，由李会昌、金德龙、孙鹤圭、姜三载四位候选人角逐总裁，并由我、崔秉烈、姜在涉、李富荣、朴喜太议员等十四人角逐副总裁。

当我表态要参选副总裁时，党内随即出现许多反对的声音。理由有两个。首先，就算我不参选也会有一席副总裁是留给女性的保障名额，所以反对的人认为我没必要大费周章去辛苦竞选副总裁。第二个理由，他们认为大邱与庆北的候选人应该单一化[①]。

我对于这两个理由都无法理解。都已经是21世纪了，却还有给女性的副总裁保障名额，让人有要女性什么事都别做的感觉，我实在难以接受。同样是副总裁，保障名额的"指名职"副总裁与竞选出来的"选出职"副总裁，我相信两者说话的影

① 候选人单一化：不同政党或同一政党同一选区的多位候选人，为避免选票分散、增加获胜机会，通过某种方式协商、遴选，只保留一位候选人参选。

我绝不以安逸自处，而是勇往直前去做一个走正路的政治人，每一刻都不得松懈。

响力一定会不一样。我不想因为是"女性政治人"而被保护或受到特别待遇，也不想因为自己是女性而坐在保障名额的位子上，这并不符合我的政治信念。我认为，应该坐在通过公平竞争由党员们选出的位子上，才能充满自信地说话。

而且我无法认同口中喊着抑制地区主义，党内选举却促进地区主义的事情。大邱地区的国会议员们对我说，"一人两票"方式就是在全党大会只有大邱一名、庆北一名候选人的单一化方式，这样可让大邱、庆北的代议员们投票时各投大邱一票、庆北一票，如此便可以力保两个候选人都当选。若是我也出来竞选，大邱就有两个候选人，票就会被分散。但是，为什么一定要按照地区来规定候选人单一化，以便让该区议员当选呢？我实在难以接受。

我深切认为抑制地区主义应该从党内选举开始做起。现

女性领导者们拥有的亲切与细心特质是一股非常大的力量。

在执政党与在野党都一样，在党内选举时这种地区主义的助长风气很浓厚。如果想要达到真正的政治改革，执政党与在野党都应该改掉这一点才对。

尽管有反对的声音，我还是决定竞选副总裁。我提出的竞选口号就是以“民主化的政党”、“政策政党”、“信息化的政党”为方向来改变政党。这与我后来当了党代表后所提的“政策政党”、“院内政党”、“数字化政党”三大目标也是一致的。

媒体也对大国家党的副总裁选举相当关注。不久后，媒体抽样调查代议员投票意愿，结果显示我是第一名，把很多人吓了一跳。保守倾向的大国家党党员们竟然会让女性成为候选者第一名，令人感到相当意外。

于是我抱持着更大的责任感，努力竞选这次的副总裁。我对全国的党员们呼吁支持我以及支持党改革。随着投票日接近，我听说国会议员们之间在传言："如果把朴槿惠养得势力过大，她会脱党参加总统大选"、"就算不投朴槿惠，她也会被任命为副总裁，所以应该投给需要这一票的人"。

没想到给予女性优待的保障名额反而在选举时成了女性候选人的障碍！这个问题至今仍是女性政治人会遇到的难题。执政党与在野党都一样，选党指导干部时，即使女性候选人没进前五名，仍会自动成为最高委员，这样的制度现在仍然存在。乍看之下对女性有利的制度，事实上并非如此，有时候反而令女性候选人得不到应得的票数。有些代议员们即使有支持的女性候选人，也会因为她反正都会当选而投给其他男性候选人。谁规定女性候选人只能有一名？没有这条规定吧！

直到投票前一天为止，我都还是保持在第一名，但是投票当日却出现了不同的结果。代议员一万三千多人之中大约百分之十四，也就是一千八百人把票投给了崔秉烈候选人，他以第一高票当选。而我则是大约百分之十二，也就是一千五百票的得票，位居第二。后面分别是李富荣、河纯奉、姜在涉、朴喜太候选人等。

有分析指出，在投票前一天议员们为了牵制我而动用了集团投票制[①]，但我心里很平静，因为我是尽了最大努力以自己的力量达成的。既然是用自己的力量做到的，我觉得"得比失更多"。

---

① 按投票人所代表的人数来计算票值的投票方式。

即使被排挤也要坚守信念

当选为副总裁之后，我的首要任务就是政治改革与政党改革。有史以来所有国家的兴亡盛衰都是由政治所左右，国家的发展以及国民是否过得好，都与政治是否发挥了应有角色有关。我们国家的情况是，政治没能好好发挥应有的作用，这一点成了国家危机的核心所在。

踏入政界后的两年期间，我已大致掌握我国政治的问题点。我发现不是人的问题，而是政治体系的问题，政党正是这个错误体系的核心。

我国的政治是政党政治，不论执政党或在野党都一样，党内的总裁一个人就拥有公荐权等党内所有的决定权，这是过时的政党体系。所以再怎么聪明的人只要进了政党都必须排队等待，不是看国民的脸色，而是看拥有公荐权的党总裁的脸色，这样也就自然花费更多时间在政党上，而将国会摆于次要位置。这是我们的政党体制与政治文化的问题所在。

我下了结论，必须改正这种错误的政党体制与政治文化，才能扶正我国的政治。政党改革可谓政治改革的核心，所以尽管常被人说引发党内纷乱，甚至被排挤，我还是一贯坚信党内必须改革。也因为这样，我被挂上了“非主流”的名号。

在我刚正式踏进政界时，经常发生一些违背我信念的事情。例如，我没有去参加大国家党举行的1999年1月的马山集会以及2000年9月的釜山与大邱集会，随即党内责备的声音就如雨点般不断袭来。

大国家党的场外集会原本是因为执政党的错而开始的，却演变成了长期集会，同时也出现了各种副作用。我一开始也常上台批评执政党，但我认为既然国民都已经知道情况了，就该中断场外斗争，回归国会才对。与其在场外，不如在国会会场与执政党抗争，这样才更容易让国民安心，更能获得国民的支持。许多国会议员私底下表示同意我这样的想法，但到了公众场合却不愿提及。从我国政治文化看来，是因为他们如果发声，到头来都会对自己非常不利。

为了党的民主化与透明化，我提出了很多主张，但是我的主张形同“荒野的回音”，讲了一次又一次却没有任何改变。我心里非常郁闷，究竟该如何做才能改变党？经过一番苦思后，我决定参选党代表。在竞选过程中，可以让党员们更了解党改革，进而带动实质的改变。

可是，令人意想不到的变化发生了。因为贪腐以及相关事件而失去民心之后，如今执政党也要进行政党改革了。执政党不但决定废除总裁制，而且要导入改良式的公荐制，导入总统大选候选人的国民参与竞选制等，在当时来说可以称得上是

我的信念是以国民利益为出发点，所以绝对不会改变。2003年于国政监查会。

划时代的方案。

之前我也提过很多方案以求改进政党的问题，没想到执政党先发表了类似的内容。虽然我对执政党此举感到非常惊讶，但另一方面，我心里产生了希望：如果在野党与执政党都互争要改革政党，那么原本预想很难推动的改革说不定会比想象中更快达成。

执政党都这样了，在野党应该至少要比执政党多改革一项吧？所以我提议在总统大选前废除总裁制，使党权与大选权分离，用改良式公荐制来改革以往的公荐制度，并且将政党的财政营运透明化，导入总统大选候选人的国民参与竞选制。其中，最核心的部分是废除总裁制、公荐、财政透明化。国民参与竞选制现在已经一般化了，但当时还是有很多人质疑，他们认为党的总统候选人应由党员选出而不需一般国民参与。

对于我这样的主张，党指导部开始出现“总统大选即将到来，党内最好不要有变动，所以不行”、“为了政权交替，现在党内必须团结才对”等等说法。而且还说虽然可以接受国民参与百分之五十的总统候选人竞选，但是在总统大选前废除总裁制与导入集团指导体制是不可行的。

我无法接受这样的说法。帝王式的总裁制应该废除，这才是核心。最重要的政党改革问题，竟说要日后再做，讨论的重点还停留于“总统候选人竞选规则要如何制定”、“国民参与的选举名单要如何确定、比率应如何调整”，这样的情况令我感到惋惜且郁闷。

之后，大国家党于2002年2月27日举行了中央委员会，对总统候选人竞选方式与党指导体制变更的相关党宪修正案进行了最终确认，但最终还是否决了废除总裁制、区分总统候选人与总裁的提议。

最后我决心要退党。在中央委员会拒绝我的主张后，立刻于隔天，也就是2月28日表明自己的立场：“在看不到政党改变的情况下，如果还期待国民给予支持，等于是欺骗国民，所以我必须这么做。”随即便退出了大国家党。

对于一直主张党改革的我而言，退党是不得已做出的选择。

来自朝鲜的邀请函

“议员，朝鲜提出邀请您访北的事宜。”

正当我在为韩国未来联合[①]创党做准备时，我同时担任欧韩财团（EKF）的理事，而欧韩财团提出了可否请我拜访朝鲜、行程为四天三夜的意外邀请。

隶属于驻韩欧盟商工会议所的欧韩财团一直以来都在向朝鲜儿童寄送足球与医药品等，进行积极的支持活动，对于欧洲与朝鲜的经济协作问题也提了许多提案。朝鲜对于欧韩财团非常关心，并想表达谢意，所以邀请了包括我在内的几位财团理事。

我以前就听到从朝鲜访问回来的人提及朝鲜想邀请我的事，但这次是直接收到邀请。

朝鲜对我而言是个什么样的地方呢？母亲被朝鲜间谍枪击身亡，曾经还有朝鲜特殊部队为了袭击我父亲和家人而侵入青瓦台。父亲为了抵御北方的威胁，为国家劳心操神的模样，是我从小看到大的。因此，决定是否要去朝鲜对我而言并非易事。

---

① 韩国未来联合党由朴槿惠于2002年退出大国家党后创建，简称“未来联合”。

但如今我认为应该放下过去的痛苦与记忆才是,而且正因为我经历过那样的痛苦，反而更能够解开南北关系。于是，我决定前往朝鲜。

“朴槿惠女士真的要来共和国吗？”

听到我决定要去朝鲜的消息，反倒让朝鲜惊讶了。我还收到了朝鲜方面的请求，要我写一封确定访北的确认书，而我也照此做了。

出发前，我将一直以来政府在南北关系上应该促进却毫无进展的事项做了一番整理。例如国民俘虏问题、金刚山水坝问题，之前韩国媒体报导金刚山水坝有溃堤危险而使南北关系趋于紧张，还有离散家属的常设会面所、长久以来梦想的南北铁道连接、举办南北统一足球比赛等亟待协议的几件事项。我将这些事项告诉了统一部，并在与统一部的郑世铉长官会面时，谈到这几件想向北方提出的待处理事项。

2002年5月10日下午一点，我从仁川机场搭飞机前往中国北京。在机场里知道我要去平壤访问的人，都纷纷对我说：“祝您一路顺风。”

其中一位七十七岁的老爷爷走近我，将手里拿着的一张纸条递给了我，紧握住我的双手。那张纸条上写着他在朝鲜的离散家人的身份数据明细，他请我一定要帮忙找寻他的家人。听到老爷爷恳切的请求，我感到非常沉重，心想：

“我一定要早日化解这些人一生的遗憾……”

到达北京隔天，当我们在机场候机楼等着搭高丽航空前往平壤时，同行的一个人急忙跑来告知消息：

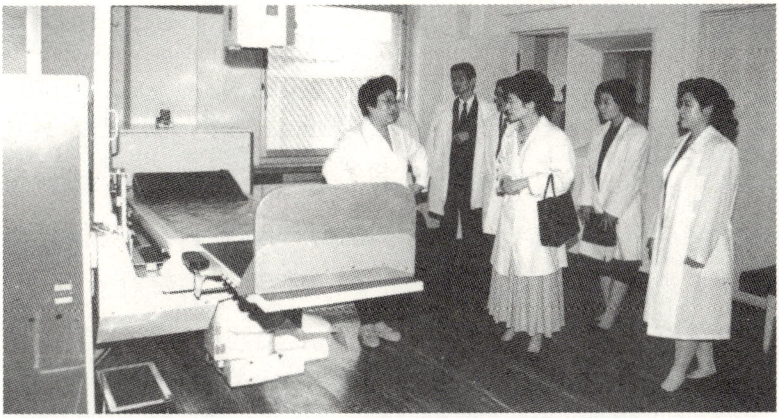

抛开痛苦的过去，决定访问朝鲜，是希望能对南北关系有所帮助。于平壤妇产医院。

“金正日委员长派了特别专机来，要我们搭专机去。”

这实在出乎我们的意料。上午十一点五十分，这架专机只载了我们一行四人，从北京机场飞往平壤。专机在下午两点半抵达平壤顺安机场，机场挤满了欢迎的人群，朝鲜的媒体以及劳动党的中央委员长等相关人员都到机场迎接。踏上平壤的第一步百感交集，同时心里也有股强烈的使命感。

平壤市区和电视里看到的一样，没什么差别。路上没有什么车子与行人，感觉空荡荡的，整顿得相当干净。大同江也像首尔的汉江一样，江水缓缓流过市区。一进到我们下榻的百花园迎宾馆，劳动党中央委员会的金永顺秘书正在门口等我们。金秘书引导我们去房间，并介绍说，我住的房间是2000年金大中总统曾住过的房间。

不久后，等到房里只剩我一人时，才终于有到了平壤的真实感。

天色尚且昏暗的清晨五点半，我就醒了。可能因为紧张的关系，身体一直无法放松，进行完丹田呼吸之后，我慢慢走到庭院去散步。这时开始下起了雨，真是天降甘霖啊！因为我在来的路上得知朝鲜正为干旱所苦，这场雨对于六月插秧应该会有很大的帮助。几个旅馆员工路过，笑着对我打招呼，说道：

"似乎是您把南方喜悦的雨带来了这里。"

早餐之后，和金永顺秘书见面聊了一个小时左右。金秘书提及金刚山水坝的问题，他说上次因为韩国报导金刚山水坝工程偷工减料，使朝鲜很不高兴，才会取消南北会谈。

我冷静地回答：

"我能理解你们不高兴的原因。但是既已约好要会谈，北方理应遵守约定。信守承诺才能彼此累积信赖。"

5月13日，我到处看了平壤的许多设施。其中，朝鲜最大的妇产科医院——平壤妇产医院，最令我印象深刻。我和他们的医疗团队一起参观医院设施的时候，医疗器材科的一位医生道出了他的苦衷。他说2000年南北领导人会谈时，李姬镐女士来访并带来了超声波检查器，但是故障之后因为没有零件而无法修复。我立刻问是什么零件并且记录了下来。

5月13日晚上，结束了正式的行程，正准备休息的时候，突然从外面传来了热闹的声音。接着就有人转告是金正日委员长到了我下榻的百花园迎宾馆，说是要在百花园迎宾馆内的独立会议室里与我单独面谈一小时。

在只配了一名记录员在旁的情况下，我与金正日委员长面对面坐着。他是个很坦率且直爽的人。互相简单地寒暄之后，过了没多久，他突然讲到1968年朝鲜特殊部队袭击青瓦台的事件，向我道歉说：

“当时是极端主义者们犯的错事，我感到抱歉，犯错的人都已接受了惩罚。”

金正日委员长的说话方式与态度令我印象深刻。我先起了头，说道：

“我认为，南与北在强化交流的同时，必须互相配合才能自然地打开和平统一的路。”

金正日委员长点了点头。我继续说道：

“离散家属的问题以及韩国战争时失踪的国军与民众的生死确认问题，应该立刻进行才对。要让那些一辈子怀有心灵伤痛的人们与失散的家人相见才是，我认为应该尽早设置离散家属的常设会面所。”

离散家属常设会面所的设置非常必要，但在政治上是敏感的部分，所以对朝鲜而言很难轻易接受。不过，金正日委员长竟爽快地同意了此项提议。我们的对话立刻加快了速度，我也提到了关于金刚山水坝的事。

“对于偷工减料的指责，我知道北方这边非常不高兴。然而，既然如此就应该组成南北共同调查团一起调查。查明之后，有需要修复的地方就予以修复，不是事实的地方就予以正确报导，这样朝鲜才能洗刷冤屈，南方的民众也才能够安心。您认为呢？”

“好，那就由北南的专家组成调查团一起来调查吧。”

金正日委员长对于南北铁道连接之事显得格外关心。我建议通过南北铁道连接，使朝鲜半岛成为国际物流基地，让南北都能创造出经济利益。他对于我的提议表示了强烈的肯定之意。对于通过南北东海线的连接，一直连到西伯利亚铁道的方案，我们也讨论了实际执行时的一些现实问题。

经过约莫一小时的谈话，金正日委员长与我约定了不少事。南北足球比赛已有一段时间中断交流，我们也约好要重启这类的运动交流，以展开相互之间的友好往来。

我最后问他：“您说好要回访南方，是否真能遵守约定呢？”金正日委员长说他会再找适当的机会去，而且如果来访的话，会到朴总统的坟前参拜。我表示希望将所有谈话内容透明化提供给媒体，他随即说：“请您自行决定。”显示了对我的信任。

单独面谈结束后，金正日委员长与金永顺秘书、劳动党组织部第一部部长张成泽、第一部部长林东玉[①]等人和我们一行人共同用餐，时长大约两小时。在最后的晚餐时间，我再次强调南北信赖建构的必要性。金正日委员长将刚刚与我谈话时协议的内容告知在场的朝鲜与会人员，并且嘱咐：“你们要切实执行。”

用餐途中，金正日委员长说了一段关于我父亲的秘史。在

① 原文如此。林东玉当时应为朝鲜劳动党统战部第一副部长。

在百花园迎宾馆与金正日委员长单独面谈。

《7·4朝韩共同声明》发表前一刻，南北之间的交涉过程中，朝鲜的代表提到："南、北各自减少几万人数的军队吧。"我父亲随即打断他的话："那可不行。"朝鲜代表说："那是对双方都有利的提议，为何不同意呢？"对于北方代表的问话，我父亲回答："北方即使减少八万名，只要吹个哨子就能重新号召，但是南方不行，即便是敲锣打鼓，也无法迅速号召。"

晚餐即将结束时，金正日委员长问我要走哪一条路线回去，我说当然是经由北京再坐飞机回韩国。

"有必要绕那么远的路吗？您何不经由板门店回去呢？"

这是我从未料想过的提议。

"如果能那样，当然好。"

结束四天三夜的行程后，要回韩国的那一天，我们搭车从平壤出发，经过开城到板门店。从平壤到开城的道路非常直，道路两旁盛开着洋槐花，花香从车窗飘进了车内。途中参观了一下开城遗址，以前只看过照片，如今亲眼看到善竹桥，心里百感交集。现在已成为高丽博物馆的成均馆，入口处立着几株上百年的榉树，与历史一起度过悠久漫长的岁月。

访问完朝鲜，回程路上我一直在想，身为同民族却要被停战线这堵高高的墙壁给隔离开来，对这样的现实不禁感到心痛。特别是越过板门店回来时，彻底感受到原来南与北是如此近在咫尺，我们却得绕远路走，希望统一的心愿也就变得更加强烈了。

去了一趟朝鲜回来后没多久，便接到北方的联络信，他们希望金刚山水坝的共同调查能开始进行。我回信告诉他们，访北时的协议事项若要进行必须经过政府与政府间的透明程序才可以，今后请和韩国政府商议，而这所有一切都通报了统一部。

之后，好消息一个接一个地传来。9月举行的红十字会谈，原本连国军俘虏这事也不承认的朝鲜，竟然主动先提议要找战争时失踪的军人，把我方会谈人员吓了一跳。北方的代表团则表示，金正日委员长曾亲自指示必须确认战争失踪人口的生死与地址，并显示出一定会遵守这项指示的意志。朝鲜的态度非常积极。

特别是七十七岁老爷爷在机场递给我的纸条，我在访北时已转交给北方，而北方的负责人员通过统一部已经告知了那位爷爷离散家人的生死情况。在我得知了这件事之后，感到十分高兴。还有平壤妇产医院的超声波检查器以及其他一些因故障不能用的机器，也都通过统一部解决了问题。得知这样的消息，更是令我高兴不已。

南北统一足球十二年来首次重启，南北间的运动交流也由此展开。以此为契机，于釜山举行的亚运会足球赛，我们组了一支“南北单一球队”参赛。从各方面看，金正日委员长确实在努力敞开心怀并且尽力遵守约定。

从朝鲜回来后，我找到了解决南北问题的头绪。那就是以真心为基础，相互信赖，才能期待有更多协商结果与约定。如果只是观察北方的动静或只重视政治性的算计，将无法彼此信赖，只注重见面的次数与谈话时间也毫无意义。应该说，不信赖的见面次数越多，两边的信赖度反而会变得越低。

但是我们也必须检讨，为何只要政府对政府见面就会变得无法遵守约定。我想是因为过去可能有一些不透明的事情介入的关系吧。和北方坦诚地谈过话就会知道，他们也在努力遵守自己所承诺过的约定。我通过访问朝鲜，确认了这样的事实。

无条件的心

我与非政治圈的人士共同创立了韩国未来联合党，但是韩国未来联合党并没有获得国民很大的支持。随着总统大选的接近，周遭的朋友一直劝我和卢武铉、郑梦准候选人携手，但我无法那么做。政党应该是要和相同理念、路线的人一起组成，卢武铉候选人与我的理念、路线、国家观则截然不同。

同时，李会昌候选人通过许多人请我为了国家和大国家党合作，我苦恼究竟哪一条才是正确的路。当初退党后忍受那么多的批评，我想要的是实践能让我国政治进步的政党改革方案，但就在我退党后，大国家党百分之百接受了我提的政党改革方案。

“朴副总裁所提的内容现在都已经被接受了，不是吗？所以为了国家，请与大国家党团结合力吧。”

当时考虑执政党和我的理念、路线不同，拒绝了和执政党的合作。在我表明态度之后，执政党随即进行卢武铉与郑梦准候选人之间的单一化，这么一来，很可能又会再次把国家交给执政党了。

为了国家，我决心要再帮一次李会昌候选人。我与李会昌候选人见面，提议创建一个政治圈与民间专家参与的泛国民化"政治改革委员会"，而且此委员会所定的政治改革方案必须在政治圈全盘使用，李候选人对此很爽快地同意了。2002年11月19日，韩国未来联合党与大国家党合党，看似两党的合党，其实是韩国未来联合党无条件地解散并与大国家党合而为一。

紧接着，执政党的卢武铉、郑梦准候选人之间的候选人单一化完成了。单一化之后，卢武铉候选人在民调上开始领先李会昌候选人许多。

合党后我成为大国家党总统大选的选举对策委员会议长，同时投入李候选人的助选活动。虽然天气寒冷，我还是跑遍了全国到处拜票，这才使原本与对手的差距慢慢地拉近。此时开始看到了一些胜选希望，但是命运再次背离了大国家党，开票结果李会昌候选人得到11，443，297票，卢武铉候选人得到12，014，277票，以些微差距败选了。

李会昌候选人在选举隔天宣布退出政坛。党内许多人因为无法从败选的打击之中走出来，陷入了恐慌状态。

2002年12月20日，李会昌候选人的退出政坛记者会气氛非常沉重。记者会在这样的气氛之中开始了，李会昌候选人表示："我生平的梦想就是建立遵守法治与原则的国家、人们的尊严与价值能够备受尊重的社会。如今我却无法实现梦想，深感惋惜。"李会昌候选人眼眶泛红，有十多秒的时间都说不出话来。参与记者会的一百多名党职人员也都拿出手帕拭泪。从电视上看到这一幕，我比谁都要心痛。似乎讲什么话都无法安慰他，况且往后大国家党还要走很多布满荆棘的坎坷路，令人不禁担忧大国家党的命运。现在最重要的莫过于尽早从打击中走出来，尽快找回国民的信赖。

卢武铉总统就任后，开始进行总统选举资金调查。这使大国家党遭受了很大的动荡。国民的责难如溃堤的河水般不断涌来，大国家党简直就像随时要被淹没般载浮载沉。

成为汪洋中掌舵的船长

2004年“4·15”国会总选前，大国家党的支持度已几乎降到了谷底。媒体民调预测，大国家党在此次国会总选中最糟的情况可能只能得两席，最好也顶多只能得五十席。腐败的污名以及弹劾的声浪，使大国家党的支持度锐减。

简单来说，大国家党处于沉没危机，岌岌可危。情况至此，党内到处都是要求改头换面成为全新政党的呼声。最后，党部决定召开全党大会以重组新的指导部。

许多担心党未来的议员都劝我出马参选党代表[①]。但是周遭有更多人劝我绝对不要参选。

“议员，您知道那是什么样的位子吗？那是要拿枪冲锋陷阵拼‘4·15’国会总选的，明知会输不是吗？一不小心还可能结束议员您的政治生涯啊！”

“如果您现在出马参选，或许能当上代表，但是您也很可能会就此结束政治生涯的。”

大国家号这艘船在汪洋中就要沉没了，我该去当这艘船的

① 即党魁。

确定当选为党代表的瞬间，又再肩负一个使命。

船长吗？还是只求日后能安身立命就好？但我实在没办法为了自身而后退。

“如果必须有人牺牲，那我来牺牲。”

路只能选择一条，是要大国家党渡过此次危机东山再起？还是要大国家党被国民永远遗弃？只能两者择一。

洪思德、金文洙议员表态要参选之后，开始了党代表的选战。之外，权五乙、朴珍议员也跟着表态参选，所以竞选形成了五派战的局面。虽然我在各家媒体民调中一直都保持着最高的支持度，但选举当日的现场气氛会左右选票，谁也无法预测会是什么样的结果。

2004年3月23日，大国家党召开全党大会选出新的指导部，于首尔蚕室室内体育馆展开热烈的党代表选举演说。洪思德议员的稳重与流畅，金文洙议员的激情洋溢都收到很大的反响。终于，轮到我了。我并不是很会演讲的那种人，比起激情演说，我更擅长将自己的理念与意志有条有理地表达出来，因此以雄辩语调进行演说的方式使我非常不习惯。

“我今天是以忠武公——李舜臣将军的‘今臣战船尚有

十二'[①]的坚定决心站在这里。我没有父母，也不会再有任何得与失了，这样的我想要为大国家党奉献我的所有一切。”

我充满真情地演讲完之后，会场内一片寂静。过了一会儿，雷鸣般的掌声传来，到处都有人在不断呼喊我的名字。

就这样，我当上了面临沉船危机的大国家党号船长，成为继朴顺天女士之后第一个“女性党首”。当选后受到各方人士的道贺，但对我而言，那并不代表任何意义。眼前充满荆棘的坎坷路该如何走下去，才是我一直思考的事情。

---

① 李舜臣为朝鲜王朝抗倭名将。起初朝鲜与倭寇作战处于极端弱势，只剩十二艘战船，但李舜臣仍在兵力悬殊的情况下取得决定性胜利。

帐篷党舍，摒除腐败

2004年3月24日，是我担任大国家党代表的第一个工作日，眼前是汝矣岛国会对面极为气派的十层党部大楼，但我并没有走进去。我一当选为党代表，就已向事务总长传达过我不会到这个党舍去上班的意愿。我认为，韩国国民都已经因为我们党的腐败而失望了，此时此刻不该再使用这个党舍才对。这天，我与党员们一起卸下原本挂在大楼墙上的“大国家党”的铜牌。党内事务处的年轻党职人员以及几位青年党员个个表情悲壮，小心翼翼地将铜牌卸了下来。我走上前去，用手接住铜牌的一边，其他年轻党员也帮忙抬铜牌，小心移动步伐。这等于是在宣示我们要断绝腐败的决心，同时也跨出了我们风餐露宿的第一步。

这是对国民无限谢罪的第一步。我们抬着铜牌，后方跟着五十几名党干部与党员，慢慢走向汝矣岛中小企业展示用地里用帐篷搭建的党舍。沿途有不少民众看着我们这一行人，他们的眼神透露着严厉的目光。

我们一步接着一步，每走一步背后都冷汗直流。将近一千

以跪拜和鞠躬在国民面前谢罪，并宣誓重新出发的大国家党。

米的路，我们走了十五分钟左右，虽然只有短短十五分钟，却像走了万里的尖刺石子路一样。

就这样，我们在一无所有的汝矣岛空地上筑起了帐篷党舍，想到当时国民对我们的愤怒与失望，帐篷党舍也算奢侈了。我在帐篷党舍启用仪式上向国民们保证："我们将展现改革的决心，不是用言语，而是用实际行动。"

成为党代表后，第一件事是将党的铜牌卸下来。

我已有心理准备，党代表任期第一天会是告解与忏悔的日子。于是，在帐篷党舍启用仪式

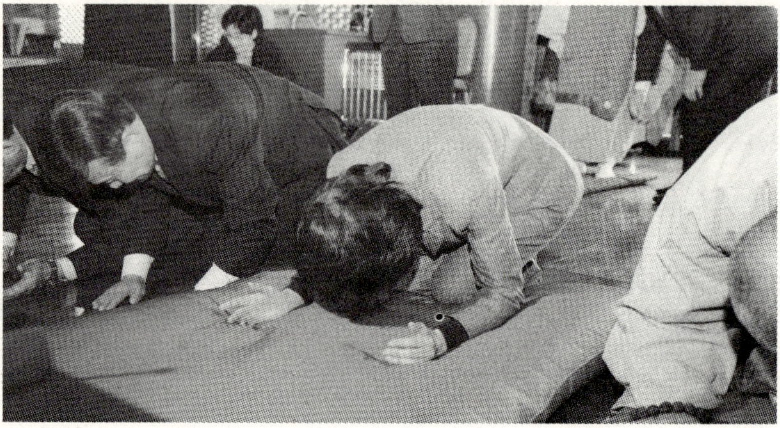

我在曹溪寺拜一百零八拜，决心要打造一个全新的大国家党。

结束后，下午我便前往明洞教堂，到那里告解，对于我无法为国家的团结与融合尽心尽力而乞求上帝的原谅。

接着，我到了曹溪寺的极乐殿。我拜了一百零八拜，磕的每一个头都诚心诚意，磕了很久的时间，直到全身流汗。身旁与我一同磕拜一百零八拜的一修和尚敲了三声竹篦，代表一百零八拜结束。

到了晚上，我参加永乐教会的周三礼拜，进行反省祈祷。这一整天到这么多地方，无非是为了谢罪，如果还有可以谢罪的地方，恨不得能够全数前往。我以这样的心境度过了一整天。

驻守在帐篷党舍的我以及党干部们，都抱持着坚定的信念，要是这次国民还感受不到我们真诚反省的心，大国家党恐怕只有走向结束的命运了。我们感到担忧与自责，深怕国民内心根深蒂固的政治不信任感会不断持续。

在帐篷党舍，事务处的党职人员及记者们的辛苦自然不在话下。虽然时值三月底，但气温仍然很低，坐在帐篷里可以感受到寒气不断袭来。用货柜做成的会议室有时还会漏雨，这时传来的滴答雨声便成了我们会议时的背景音乐。

党职人员们经常需要加班，熬夜工作实在辛苦。再加上帐篷搭建在空地上，灰尘容易多，所以越来越多人开始感冒、过敏。每到傍晚太阳下山后，党舍里就会笼罩一股寒气，即使有暖炉也还是会觉得冷。然而，没有一个人抱怨。每个人都齐心团结，怀着“不改革不行”的危机意识，力求早日蜕变成全新的大国家党，以一起攀越险峻高山的心共同努力。

寒冷的季节过去，接下来是酷热的考验。天气即使只是稍稍变热，帐篷与货柜内部都会快速升温，甚至热到无法坐在里面。只要在里面待一下子就会满身大汗，汗如雨下。有些人还因为流汗长了痱子，也有人因为灰尘过敏而整天打喷嚏流鼻涕，特别是每次看到怀孕的女职员便深感抱歉。帐篷党舍的环境恶劣到令人生病，有时夜里还会有喝醉酒的人跑来询问厕所位置。

身为党代表，看着党员们如此辛苦，我感到十分难过，但也因此更加鞭策着我想要改革的决心。

“大多数的国民在比我们所面临的更恶劣的环境中默默工作。我们应该听取国民的严苛警告，不再傲慢腐败，我们要切实改过，绝不可怠忽。”

我向党员强调，即使遭受刻骨之痛也要一起忍痛成为干净清廉的政党。

帐篷党舍的生活为我们留下许多教训。虽然承受了肉体上的辛劳与痛苦，精神上却比任何时候都还要来得坚强且有战斗力。我们仿佛站在悬崖峭壁上进行改革，即使必须忍受刀割般的风寒与挥汗如雨的酷热，我们仍互相激励，同心协力乘风破浪。我们试着回归到政治的初衷，在那里度过了八十六天。

那年6月16日，结束了帐篷党舍的生活，我们在江西区盐仓洞的一层楼建筑物里正式启用党舍。为了不忘帐篷党舍的教训，那段期间使用的货柜原封不动地搬到了盐仓洞党舍前的空地，成立“帐篷党舍纪念馆”。希望大家深深铭记，别忘了过去不断对国民谢罪的那份心，也别忘了即使一无所有却更加幸福，且更希望能与民众接近的那颗心。

搬到盐仓洞党舍之后，我们仍然没有停止根除腐败。最先积极展开的，是将天安市的大国家党中央研究院归还给人民，当时那是市价超过一千亿韩元的建筑物与土地。虽然看似只是将我们持有的东西交出来而已，其实并没有那么容易，不仅管理此研究院的公司有问题，党内也有一些人士反对，担心都要准备总统大选了，把党产全数交出又该如何进行选举。然而，我的意志非常坚定，我告诉党员们：“没钱也可以选举，没钱也可以走政治这条路，这不就是我们在帐篷党舍时期领悟到的吗？”在我的劝说之下，党员们被我说服，反对的声音也很快平息了下来。2005年8月29日，持续超过一年的研究院归公工作终于结束，天安研究院最终还是成功送回到国民手里。

为了彻底与腐败绝缘，我们除了将拥有的财产拿出来归公之外，更重要的就是人本身的改变。我在党代表就任演说中表示："绝不容许贪腐！从现在起，大国家党不会也不可以保护那些因贪腐而连累党誉的人。一旦被检察官起诉就会即刻停止党权，若确定判决有罪则即刻永久除去党籍。"为遵守这项誓约，2005年2月22日，有国会议员一名、地方自治团体长两名、广域市议员两名，遭到停止党权的处分。这天遭到停止党权处分的国会议员正好与我同辈，个性淳朴直爽的他私下是我的好友，但我仍坚持同等处分，没有例外。虽然心如刀割，但是党人事委员会做出决议之后，就在最高委员会议上定案了。2005年6月28日，包括比例代表预备候选人在内的三名党员被处以停止党权的处分。2006年5月13日，与地方选举公荐受贿案相关的两位中坚党员也由我亲自向检察官告发。与我形同家人的成员要由我向检察官告发，这是无法用任何言语形容的痛苦。然而只要想到要是没有历经这些痛苦，大国家党就无法脱离腐败的污名，永远也就无法执政，我也只好忍痛闭上了眼睛。那晚，我彻夜难眠。

不久前，大国家党帐篷党舍刚过三周年，我去了帐篷党舍纪念馆。帐篷党舍内部依然与从前相同，没有任何改变。我的心也和当时在帐篷党舍一样，始终如一。我在那里面看到的是真心谢罪之后愿意相信及原谅我们的国民与真心，那正是我所坚信的政治的最大力量。

“4·15”国会总选，国民给我宝贵的一百二十一席

要让已经背离我们的国民回心转意，是件很不容易的事情。所以我不断地诚恳呼吁，请国民再给我们一次机会。我开始走访全国各地，真心约定我们会改过且重新做一个只为人民着想的政党。然而，人民的心就像被好友背叛受伤般，难以回心转意。

有一次我搭出租车，还被认出我的司机生气地指责：

“我原本做生意做得好好的，公司却倒闭，一年前只好转行开出租车。最近看到政治人物就生气，气得快中风了。现在就连乡下活动出现国会议员，也没人欢迎，大家都对国会失去了信赖。”

听到他的这番话，我一句话也无法回答。可见人民对我们已经失望透顶了。

一直到2004年3月30日，情况才开始转好，那天晚上我发表了电视演说。在前往电视台录像的路上，我心里只想着一件事：

“我现在是遭人民唾弃的政党代表。我能做的，除了真心

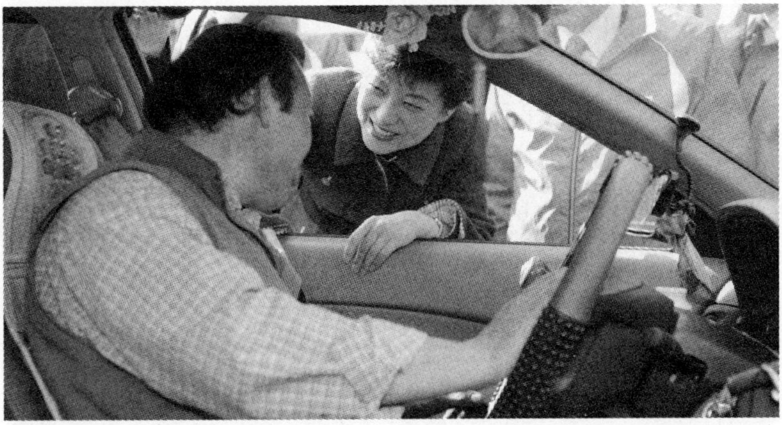

每次接近民众，我一定秉持“为国家与人民而活”的真心。

对人民喊话表达诚意，别无他法。”

摄影机的灯亮了，电视台所有工作人员的目光都紧盯在我身上。这时我心里有无数的话要说，眼泪如河水溃堤般涌出。我平常不太会在别人面前哭，但是那天一回想到我们国家是如何从一个穷苦国家发展到现在，人民受了多少苦，我的心情就很难过，眼眶泛泪。

“我非常清楚大国家党让各位国民多么失望。过去我们曾经怠惰，与贪腐妥协，只知争取权力，不倾听国民的心声，也越来越傲慢。现在我们真正改过自新，只留一颗向国民谢罪的心，其余会通通丢掉。”

哽咽的声音不断颤抖着，我继续说：

“为了化解人民心中的怨恨，我们真的非常认真地在改过。我们不能眼睁睁看着昔日辛苦建立的大韩民国就这么倒

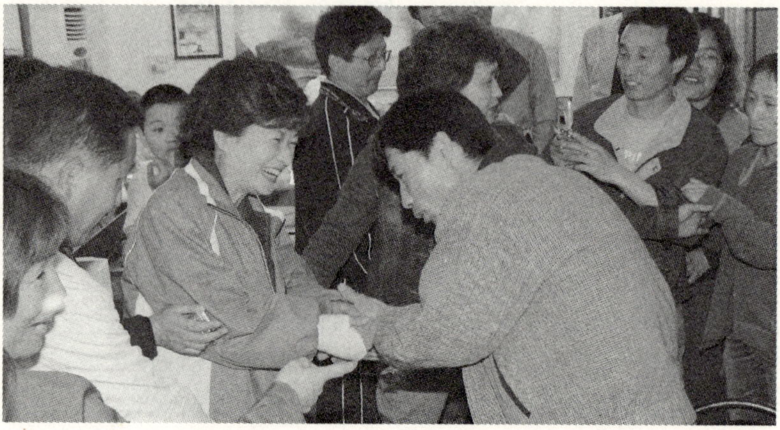

我的手握得越肿，大国家党的支持率就越高，所以我无暇顾及疼痛，依旧到处拜票。

下。在此，不想追究总统的对错，也不想追究政府与执政党的责任。我们大国家党怎么会没有责任呢？我们没能顾及各位国民们的痛苦，必须从自身开始检讨反省。”

瞬间，眼泪涌出，我急忙用手擦拭流下来的眼泪，录像现场的人也都哭了。

录像隔天，可能是真心终能打动人心吧，很多人开始愿意伸出温暖的手与我握手。有一名家庭主妇背着孩子，说：“我也看了，还一起哭了。”并比了一个胜利的V字手势。令人感激的是，渐渐开始听到愿意再给大国家党一次机会的声音。

我四处拜票，一天大约只睡两三个小时，到后来，嘴唇都破了，甚至还因行程过满在拜票时差点累晕过去。而且因为握手过度，导致整只手红肿，手腕也酸痛不已。虽然用尽了各种方式消肿，手却还是肿胀，到后来甚至连筷子、汤匙都拿不动。到了选举前五天，我只好缠着绷带，虽然手越来越肿大，大国家党的支持率却越来越上升。从一开始预测十席，到二十席、三十席、五十席……可能当选的区域也一直在增加。不管走到哪里，都有人边喊“朴槿惠来了”边跑来欢迎我、握手、给我拥抱。看到他们这样地热情，使我感到更大的责任感，心里只有一个想法：“我不能让他们失望，一定要好好做。”就这样，“4·15”国会总选也逐渐逼近。

竞选最后一天，我打算先跑京畿、首尔、仁川这些激烈战区，再到大邱。虽然全国都快跑遍了，但我的地区——大邱达城却一次也没能去拜票，因此最后一晚预计要前往达城。然而，首都圈很多地区战况激烈、如履薄冰，那些地区的候选人不断联络我，央求我去帮忙。那样的迫切需求我不能坐视不理，在首都圈，几百票之差就能决定落选与当选，所以我继续多跑了很多行程。釜山的执政党候选人喊出了“削发”口号①，随即大国家党候选人急着请我去釜山帮忙。等我终于到了达城时，已是接近晚间十点必须结束竞选活动的时间。我一打完招呼，竞选活动就结束了，所以我成了没能好好向自己票仓地区民众打招呼的候选人。我相当感激那些即便如此依然将票投给我的达城民众。

结果大国家党在“4·15”国会总选中获得了一百二十一席。有人觉得很可惜，甚至还说：“只要再多一个星期，说不定就能成为国会第一大党。”然而，我觉得这已经是谢天谢地谢民

① 削发是韩国民众表达抗议或示威的一种常见方式。

众的事了，原本被预测是连十席都可能拿不到的，结果却拿到了超过十二倍的席次。这一百二十一席是国民给我们的极为宝贵、让任何事都变得充满希望的数字，从此大国家党将以国民给予的这宝贵一百二十一席重新出发。

朴槿惠的革新将继续向前迈进

从踏入政界开始，我就一直主张要实现政党改革与政党民主化。然而，党却不为所动，就好像大卫与歌利亚对战的情况[①]。事实上，这确实是握有党权的人非常难以抉择的事情。一旦改革，党内立刻会面临各项挑战，也很难一丝不乱地得出党的决议。当时处于不走改革那条路也可以的政治气候中。

我成为大国家党代表的同时，决心要将过去一直以来的主张付诸实行。这不是件简单的事，虽是正确的路，却也会让运作党务的人感到为难。然而我觉得如果没人来做，政党就永远是私党，国民所选出的国会议员将沦落成只会举手的表决器。

我将之前一直主张的“政策政党”、“院内政党”、“数字政党”三大目标一一实践。为了建立院内政党，首先必须做的是改变议员总会。议员总会简称“议总”，当党内有必须决定的重要事项时，议员全体聚到一起商议并决定。

---

① 大卫和歌利亚的故事来源于《圣经·旧约》。大卫只是个小小的牧童，却打败了全副武装的魁梧战士歌利亚。

首先必须改变的是议总会场的会议形式。之前是党总裁或党代表坐在台上的大椅子上，面对议员们坐着举行会议。我撤掉了那把椅子，改坐议员们之间的位子，以党代表也是一名议员的方式开会。我这样的做法使原本权威式的气氛消失了，过去晚辈议员无法在前辈议员们面前坦然地表达想法的情况也消失了。

这么一来，议总会场就变得像战场、市场一样吵。如果说之前的议总是指导部决定所有事之后单纯形式化地开会，现在则变成在议总会场上决定所有事。如果不经过议总而由指导部任意发表事项，在下一次的议总会场就会被声讨。在议总会场里，高声交谈是普遍情形，若对谁的发言深感满意也会毫不吝啬地夸赞："不错嘛！"有些记者甚至说，看大国家党的议总就像是在看美国西部片的感觉。

自从我成为党代表后，议总会场变成了充满许多选择的岔路。其中，最为印象深刻的是讨论《国家保安法》时，法制司法委员会在会场彻夜进行了马拉松式的长时间会议。

2004年秋天，卢武铉总统在某电视台主张废除《国家保安法》之后，全国开始因为这个问题而产生了非常尖锐的对立。我的立场是绝对无法接受废除《国家保安法》。虽然《国家保安法》的法条之中有些可能有侵害人权的隐忧，但我相信可以用修改的方式进行，也就是说，我主张不废除而以修改法条的方式继续保留《国家保安法》。

在大国家党内也对《国家保安法》展开了非常热烈的讨

论。议员们各有不同的意见，“如果坚持维护《国家保安法》，我们会显得太过守旧。不如我们假装坚持不成，就让步吧。”有这派的意见，也会听到“绝对不行，一字也不能改”的意见，或者“可以修改，但是核心部分需要保留才行。如果再更进一步修改原先的修改案，就等于是废除了啊”。议员们彼此激烈地争论着。

执政党提出了《国家保安法》废除案，想以国会过半数的议席来通过此案。我看到这项足以动摇国本的重要法案即将被强行处理，说什么也要极力阻止。所以在成为党代表以来第一次占据了法制司法委员会的会场，要求长时间讨论此议题。

国会即将于2004年12月底召开全体会议，所以针对《国家保安法》所持的立场，党内举行议总做出最终决定。有些议员坐在椅子上，有些议员站着，甚至有些坐在地上。大家的眼神都呈现疲惫，经过几天几夜的会场占据，平时的干净装束早已不见。最终讨论的这一天，议员们将自己的国家观与价值观全都倾泻出来。将近四十位议员上台发言。我没有漏掉任何一位发表的言论，全部一一记录，笔记本里写下了密密麻麻的字。

这天，在超过十二小时不眠不休的马拉松式议总之后，对于修改幅度与范围，我们仍有相当的异见。特别是最为核心的僭称政府法条以及《国家保安法》更名的部分，还是没有一致的意见。对此，议员们以最民主的方式，也就是通过投票委托党代表我来决定，如此议总才总算告一段落。最终，我们坚守住了《国家保安法》。

议员们认真陈述自己的意见，我也一字不漏地倾听，不敢懈怠。

《行政中心复合都市法》、私校法场外抗议、党名变更、党革新案等，每当需要做决定时，就会展开无数的讨论。有时议员们会想揪对方衣领激动大喊，甚至动用投票表决的方式。但一走出议总会场，于私又会回到感情要好的同事。所以，议总会场俨然已成为真正民主主义的道场。

为了政党改革，有时甚至还会听到别人说我傻，那是指放弃公荐权的事。如果说党代表每到选举时都拥有决定候选人的莫大影响力，那么那个政党势必成为党代表的个人私党。“您真的要放弃公荐权吗？”当周遭人士知道我真心要放弃公荐权时，开始出现劝我的情况。

“政治不是那样搞的。只是做做样子，大概照顾一下自己人就行了，您为何要那样？”

“政治是将自己派系养大，将来才能做大事，不是吗？政治只不过是一场一场的秀啊！”

有些人板起脸孔，有些人生气，有些人试着说服。自从政以来，第一次有这么多担心我的人骂我。然而，那不是我的做事方式。只要我认为是对的，就必须去做，并以真心去做。如果只是做做样子，很快就会被看穿，最后只会招致自己蒙羞。即使会吃亏，我还是不会改变信念。

就任党代表后，我随即面临第十七届国会总选。此时，从比例代表的公荐入手，展开了大国家党的“公荐革命”。比例代表，向来的惯例是由党代表指定自己信任的人担任，但是我坚持一概不介入公荐，所以大国家党的比例代表个个都是各领域最优秀的专家。他们实力雄厚，称之为大国家党的政策达人也不为过。在我当党代表的这段期间，举行了四次再补选，我也一概不介入公荐。

2006年地方选举时，我将公荐权放给市、道的党部。在此过程中出现了许多杂音。因为是刚开始试行的革命性做法，自然有很多混乱。“没有能力的人也受推举了”、“当地委员长收了贿赂”——爆出了许许多多的消息。很不幸地，因为这样，有两位中坚党员也被党内直接向检察官告发。

部分媒体甚至刊登了“朴槿惠走在实验政治的岔路上”这样的新闻标题。然而，不管是什么制度，一开始难免有适应期，只要方向正确，修正副作用即可。如果一开始就担心副作用而什么事也不做，改革将会寸步难行。幸好，地方选举我们获得了大胜，也因此使历经辛苦过程的地方党部有了新的公荐体制。有了这样的体制，才有最了解地方且长久以来与当地居民在一起的人出来为人民做事。

党代表任职期间，我持续推动政治改革。虽然那段时期我听到很多批评，说我“连政治的‘政’字都不懂”、“没有强硬的魄力”、“就是因为她这样，需要人的时候才会没人挺她”，诸如此类的声音络绎不绝。然而，我绝不后悔那样的做法，因为我相信我做的改革是人民真心期盼的政治。

对社交网站Cyworld着迷

我最开始迷上社交网站Cyworld[①]是在2004年2月，与大约十名年纪二十出头的大学生们聊到了“年轻人心目中的政治”话题。我们国家的政治，尤其是大国家党的政治，我觉得有很多地方是跟不上年轻人想法的，应该通过和许多年轻人对话来取得解答。我们国家的年轻人对政治有多少关心、有何期盼、要如何做才能接近二十几岁的年轻人，关于我的这些提问，有一名大学生说他有个好点子，开始提起“迷你窝”这种社群网站。

我很好奇地问东问西，学生们便开始对我说明什么是Cyworld、博客、加入好友、好友到访记录、随机拜访迷你窝等许许多多的功能。其中一名学生打开邻近的计算机，秀出了他的迷你窝给我看，顺便示范“经营社群网站”。

“经营社群网站的时候，最有趣的地方就在于好友到访记录。不管多么要好的朋友，也很难每天实际碰面，不是吗？但

① 韩国最受欢迎的社交网站，注册人数超过1，800万，占韩国人口的三分之一以上。

是经营Cyworld迷你窝就能像每天看到朋友一样，知道对方的心情与生活。经营Cyworld迷你窝可以让远在国外留学的朋友比在韩国的朋友还要亲熟。”

迷你窝吸引了我的注意，不论听起来、看起来，它都很不错。我问助理们知不知道什么是Cyworld，他们说自己也都在经营，还秀了他们自己的迷你窝。经由学生们的说明与助理们的帮忙，“朴槿惠的迷你窝（http://www.cyworld.com/ghism）”于2004年2月21日正式诞生了。

一开始，我放了自己小时候的照片，也小心地写了议政生活日记。起初还不太熟练，所以摸索了好一阵子，后来连大头照也有了，甚至也有minime虚拟人物、miniroom个人空间。慢慢地，开始有一两个人写了回应，也在我的留言板留言。随着时间一天天过去，人数逐渐增加。每次我登入时，都会有温馨的留言、好友申请、背景音乐、松果礼物等在等着我。

不知从何时起，我甚至还出现了“迷你窝废人”的症状。“今天有谁来访呢？今天要说什么事情好呢？网友对于日常琐事与想法有没有响应？”每天抱着满心期待登入我的迷你窝，一天至少要去一次。我把从未对媒体公开过的那些70年代俗气的独照也放了上去，和我的迷你窝好友们分享，也写了日记。网友们看到我真诚的样子，都给予温馨的鼓励与回应。突然间我结交到很多网络好友，并深深沉溺于那些好友的温暖关心之中。

“代表，您坦白说吧，是谁在管理您的迷你窝呢？”

不久前，我的迷你窝到访者已超过五百万名，所以举行了我和第五百万名拜访者的见面会，当时坐在一旁的记者问了我这个问题，他认为我一定是请他人代为管理。

“当然都是我亲自在管理的，就连我的助理们都不知道我Cyworld的密码呢。”

其实当党代表“走访乡里”的行程紧凑时，周遭的人总是对我说：“您应该尽量找时间休息补充体力才对，别再经营迷你窝了。”并建议我另外找人代为管理，但我直接拒绝了。迷你窝是我自己的私人空间，怎么可以交给别人呢？更何况那样做就等于是在欺骗那些认为是我亲自管理的好友们。我迷你窝上的“撰写者朴槿惠”的照片与文章百分之百都是我亲手放上去的，每一位申请加入的好友也都是我亲手按同意来确认的。

令人遗憾的是，最近我因为每天跑许多行程而无法经常进好友的迷你窝去留言，也无法实时加入好友，有时甚至有超过一万名网友在等我同意，也曾经有好友等了我几个月都没等到，留言问我何时才会同意。借此机会，我要表达歉意，对那些等我接受好友邀请而在迷你窝留言的网友们，我感到很抱歉也很感激。

这个属于个人的空间——迷你窝，也对我的公共生活有不小的影响，这是给身为政治人的我一个机会，可以借以省察自己。到访者的增加、留言板的留言，让我切身了解民众所期盼的是什么样的政治以及有什么问题亟待解决。特别是，Cyworld的使用者，从十几岁的学生到七十岁以上的老年人都

我的第一百万个Cyworld好友——权纯浩，我和这位学生见面玩游戏。

有，各种年龄层、地区、职业的好友，让我知道他们的悲伤与苦恼、幸福与快乐，成了我平常力求的“民生政治”指南。

通过Cyworld，可以切身感受到与民众沟通的重要性，而且可以听到网友们的声音并且与他们交换意见。我开始觉得大国家党也需要这样的网络空间。一个政治人的迷你窝就已经能做这么多了，更何况是政党的网站。如果大国家党能有网站，一定可以收到更多回响与建议。一想到此，我立刻心急了起来，身为一个党代表，应该把大国家党向来被网友忽视的党官网重新经营起来才对。我想建造一个空间，一个让那些关心大国家党的网友们可以交流的网站空间。

在大国家党，管理网络事务的是“数字政党小组”，里头的职员都是二十几岁到三十出头的年龄。他们开始利用网络问卷收集许多意见，然后创建政党的网站，从外观到内部构造完完全全改造成全新的面貌。我也尽量常和数字政党小组见面交换意见，抽时间鼓励负责人员们。即使很辛苦，却没有任何一人倦怠，个个都充满热情地工作。就这样，不久之后，大国家党的网站开通了。

大国家党的网站每个月都有新的活动，比如家庭月5月的时候办的家族照片比赛，以及国会议员们秀出自己家族照的活动，吸引了不少人气。在6月爱国月，则是举办网络挂国旗活动，以及议员们秀自己军服照的活动。还与网络拍卖网举办了共同慈善会，将收入款项捐给起亚儿童基金会。在夏天，还开了一个专栏叫做“朴槿惠的夏日时尚提案——慈善义卖”，大国家党的议员们与党职人员们在党官网上发表的“大国家专栏（又名大专栏）”也引来了不少话题。其中，首尔的党员协议会（类似过去地区党的概念）三十几岁的委员长还在专栏上写了一篇名为“性感的朴槿惠”的文章，让我好尴尬。

网站也建置了访客们可以直接参与发言的空间，并不断增加了各种观赏内容，慢慢地，浏览人次也随之增多。2005年4月底开始，在一些搜索网站的搜索排名中，大国家党的网站首次超越了一向超前的执政党网站。之后，大国家党网站就一直领先，至今也是如此。

四次再补选，四次胜利

在担任大国家党代表的两年三个月期间内，我经历了四次再补选。其中，最为辛苦的是2005年的两次再补选。

2005年的“4·30”再补选，包括了京畿城南中院区、忠南牙山市、庆北永川市、庆南金海市甲区等四个地区的选举。城南中院区是大国家党从未赢过的地区，牙山市是大国家党的弱势区，永川市的大国家党候选人支持度少执政党百分之三十，金海市则是当时总统的故乡。这次选举可以说是处于各种恶劣状况中。

同一年，“10·26”再补选也与“4·30”再补选是差不多的情形。总统的朋友、青瓦台市民社会首席秘书官出马参选大邱东区乙区，同时端出了地区发展的政见；民主劳动党的主区——蔚山北区，大国家党二十年来一次也不曾赢过的富川市元美区甲区，同样都是必须打硬战的选区。

每个地区至少需要仔细扫街拜票五次以上。虽然我的手都缠上了绷带，小腿也疼得贴上撒隆巴斯[①]，但我还是不放弃

---

① 日本生产的一种消炎止痛的药物。

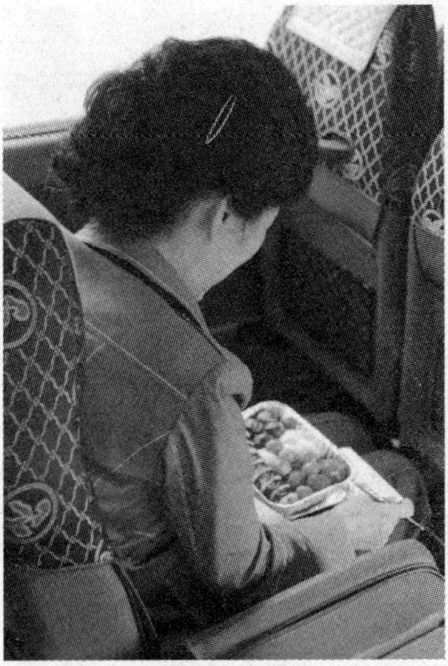

竞选时坐在巴士里吃的便当真是人间美味。

任何一区。其中印象最深刻的是永川市，那里堪称一级战区，竞争非常激烈。

永川市的大国家党候选人支持度一开始输执政党百分之三十，大多数人认为："在庆北，情势对大国家党很不利，最终一定会以很大差距输掉选战。"党内也说，"再怎么说也是庆北啊"，认定不可能赢战。然而，永川当地情况却完全不是那样。当地国会议员违反选举法，市长也因贪污而需要重选，再加上市民只投票给执政党却一点也没带来发展，永川市民已处于愤怒之中。于是当地执政党候选人的政见是要在五年内投资十兆韩元，到处诱惑选民。当地的永川新市场堪称永川舆论的震源地，那里的商人之间都在高谈阔论执政党主张的永川发展论。看来执政党俨然已获得力量，从当地回传的消息一直不太乐观。我的助理群中一位秘书是永川出身的，他回家乡后打电话告诉我："代表，好像得放弃永川才行了。即使您很努力帮忙助选，也很可能会落选，所以干脆别去比较好。"

但是我无法那么做。选举活动一开始，我首先就前往永川。第一站是到永川市场拜票，超过二千人的民众聚集过来。我一度以为"原来这区是有希望的！"但是高兴是短暂的，市民们的心并没有那么容易转向。

所以我决心要像自己竞选一样，“以‘面’为单位，每天都去，直接与乡民们见面”。为此我请事务总长排了我的行程，也指示“将永川当作第二地区”。我一展现这样的意志，全党随即动了起来。

当时我是以不外宿闻名的政治人，但这样的原则却在永川打破了。因为必须拜票到很晚，只好到永川党员们的家中借宿，我住的两个家庭都是很简朴但温馨幸福的家庭。也不知消息是如何传开的，后来我每次深夜回借宿家庭时，附近居民都会热情地出来迎接。对于以前几乎不曾在朋友家住宿过的我来说，那几次的永川外宿经验可说是陌生又愉悦的体验。

到了竞选中期，选举情势慢慢地改变了。然而，已背离的民心很难一下子再回来。眼看与对手的差距始终没有拉近，中央党指导部会议上甚至出现了“应该放弃永川”的声音。

选举前一天，大国家党自己的民调显示还差百分之五，党内随即有人主张“都已经那么辛苦却还赢不了，就放弃永川吧，到其他地区拼选票才对啊”。然而，我立刻表明，越是困难的选举越要坚持到底。竞选活动最后一天早上，参谋们苦恼着到底该让我早上先去其他地区下午再去永川，还是要一早就先到永川。

“我要去永川，请准备一下。永川一定要赢。”我坚持选择去永川。这时人们的表情像是在说“对永川那么投入，要是输了怎么办？想必会立刻传出朴槿惠没有力量、朴槿惠无能的批评啊”。就连媒体也预测永川选举会出现这样的结果。但我不认为那很重要，我只想用尽全力做到最好，使永川民众回心转意。

选举活动的最后一晚十二点钟，我在永川昌新公寓结束了竞选活动，一切结果只能交付给上天来决定了。开票后我们以一千两百六十八票的优势获胜，就这样永川的市民给了大国家党再一次机会。

这或许就是患难见真情。我将他人所负责的地区，当作自己的地区去经营，实际了解当地的需求。我对大国家党的所有国会议员都一视同仁，但是每当我看到再补选时进来的议员们，总会想到当时再补选的事，对他们有种特别的情分。

感谢民众的心意

我经常听到一些年长的民众对我说“看到你就觉得心疼”。还记得我父母亲的那些长辈们，觉得我不幸失去父母很可怜而疼惜我。

无法活得平凡，就觉得不幸，这样会陷入绝望的。我不但不认为自己不幸，反而觉得自己是非常幸福的人。有这么多人关心，有许许多多的人费心送我礼物，我当然很幸福。一听到送礼，很多人或许会好奇“到底收到了什么大礼呢”，其实我收到的礼物大部分是极为淳朴且充满人情味的东西，因此更加感激。

西瓜、小黄瓜、马铃薯、梨、明太鱼干、糖果、花等礼物，常常夹带卡片写着：“这是我们家田里的有机农作物，请您多吃一点才有精力。请加油！”、“今天是白色情人节，您好像没有男朋友，所以送您糖果”、“水灾时，您来我们乡里细心关怀，谢谢您”。对于忙了一天回到办公室的我来说，那样的卡片，是最能够消除疲劳的东西。

我很想一一答谢这些礼物，但实在是没办法，所以我想出了自己专属的方式对待这些礼物。首先，我一定会亲自用眼睛确认并感谢对方的费心，或者，尽量亲口表达谢意。用自己的眼睛确认，是想要将对方费心准备的诚意装入心里。

就任党代表之后不久，有一天，秘书室的党职人员打电话来做日常汇报，报告到一半，他对我说：

“对了，有位民众送了三个西瓜要给代表您。”

“请你们绝对不要先吃。”

“嗯？”党职人员不明白我的意思，感到很讶异。

一回到党舍，我首先寻找西瓜。

“送我的西瓜在哪里呢？”

我用眼睛确认了那几个美味可口的大西瓜之后说：“好了，你们可以吃了。请享用。”秘书室的职员们刚开始对我这样的举动多少感到有些讶异，但没过多久后，他们便理解了我对待礼物的做法，对之后收到的礼物都一一帮忙收好。

留在我记忆中的礼物真的非常多，但是2006年“5·31”地方选举时，脸部遭到割伤住院后收到的礼物至今依然让我忘不了。一位六十几岁的男子，是个领日薪的临时工人，他送来了四小瓶牛奶；还有一名女大学生送我一朵玫瑰花以及一封信；一名男子送了让我补身子的补药；党员们送了亲手折的两千只纸鹤；秘书室部长的六岁儿子写了“请您一定要多吃饭，才可以很快出院哦”的纸条，歪斜的字旁还有亲手画的奥特曼超人。看来，我真的是大韩民国最幸福的人了。

在送礼物时，我也有一套自己选择礼物的原则。礼物一定要有含义，要让收礼物的人打开时能够微笑，并且尽可能要有

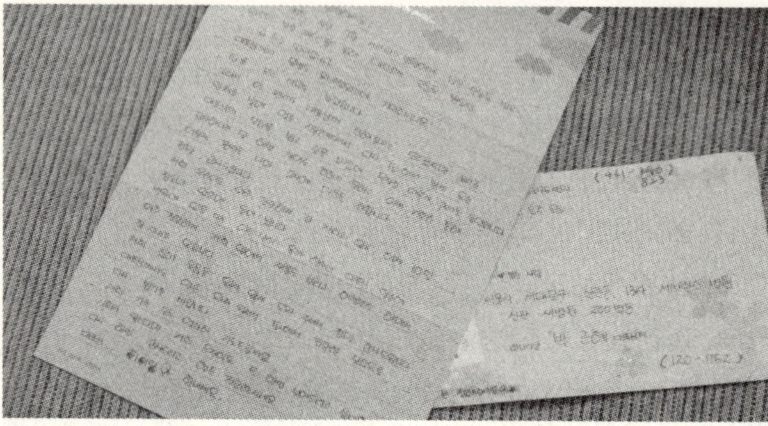

脸部遭到割伤住院时收到的信件。因为有民众的这些鼓励，我才可以再站起来。

传统特色，那样更好。

我接见外国宾客或者家中招待客人时，会送“戒盈杯”这个很具代表性的礼物。几年前，我一个制作陶瓷器的朋友在吃饭时跟我提到戒盈杯。它的设计是在杯子上打洞，如果倒得适量酒就不会流掉，但若超过七分满酒就会流到下面去，是一种很奇特的酒杯。这杯子代表“凡事不可过满”的意义，是古代老祖先流传下来的充满智慧的器物，我当场将戒盈杯列入我的礼物清单里。

我曾将戒盈杯送给许多外宾，收到的人都对杯子的含义与美丽感到惊叹。长久以来和我颇有交情的美国亚太助理国务卿克里斯托弗·希尔先生，在他结束驻韩美国大使任期即将回美国时，我也送了他戒盈杯。他看到戒盈杯时，发出“哇”的惊叹声，对这杯子感到惊叹不已。

2007年2月我访问美国国务院的时候，曾到国务卿希尔先生的办公室去拜会了一下。我看到希尔先生把戒盈杯摆放在书桌上。他说每当有客人来时都会对客人说明戒盈杯的含义，顺便炫耀这只杯子。

国务卿希尔先生于2007年2月的朝美会谈中引用了戒盈杯的意义，当朝鲜方面的首席代表金桂宽外务省副部长在柏林朝美接触协议的基础上又提出附加要求时，希尔先生就说出了放在自己书桌上的戒盈杯的故事，告诉朝鲜方面如果要求太多会使协商破裂，最后什么都得不到。

按照我的送礼原则所列出的礼物清单，也使秘书室的职员准备礼物准备得很辛苦。但是收到礼物的人每次看到那个礼物，都会想到送礼的人的诚心与含义。所以，对于选礼物是不能马虎的。特别是外国人，在韩国收到的礼物会影响他们对韩国的印象，所以诚心挑选的礼物即使礼轻也会情意重。我之所以会这样讲究送礼，或许就是因为从小耳濡目染母亲接见外宾或到国外访问时细心挑选礼物的做法。

“女人不得进入”

司法考试女性考取第一名，法官、检察官的女性任用者达百分之五十四，越来越多优秀的女性晚辈辈出……

虽然现今社会已有许多女性比男性杰出，她们勇于开拓新领域，但这个世界仍有很多地方贴上了可见或隐形的“女人不得进入”的标签。

2005年1月17日，为了了解煤矿的实际状况并且与尘肺病患者见面，我前往江原道的东海、太白、道溪等几个地方。秘书室事先告知煤矿方面的人员，请他们让我们进巷道去直接体验矿工们的工作场所，却收到了令人意外的回答。煤矿方面表示：“女人不得进入。”

“没想到竟然还有禁止女人进去的地方！”

因为是十分危险的工作场所，他们设了很多的禁忌，这我可以充分理解，但是“想了解煤矿地区的实际情况，如果只是到煤矿的入口，如何能够了解矿工们的工作环境并且知道尘肺病病患们的病痛呢？”我再度请秘书室传达我的想法。好不容易请当地议员和他们沟通之后，煤矿方面才允许我进到里面去。

戴起了矿工用的安全帽、探照灯，穿起了矿工穿的裤子、长靴之后，我们到了地下三千三百米深的采矿场。采矿场里面粉尘很多，才进去不到十分钟，整个脸都变黑了，只看得到眼睛。由于地热的关系，全身汗流浃背，采矿场里面到处布满煤炭粉尘，简直快要让人睁不开眼睛。看到在那么恶劣的环境下为了家人辛苦奉献的父亲们，我深深觉得感动。我在巷道里待了一个小时四十分钟。要是没有实际进到采矿场，绝对不可能知道矿工们的辛苦。

从采矿场出来，进矿工休息室时，刚好看到几个已经工作完正要回家，以及正要交班进入采矿场的矿工。

“您进过巷道了吗？为什么要进去呢？一定很不舒服吧，您只要在外面听报告就好了呀。”

“我都已经来了，不进采矿场怎么可以算是来过呢？我要了解各位工作的环境有多么辛苦，才能知道要如何帮助各位。”

就那样，我打破了他们的禁忌。虽然打破了他们的禁忌，但是他们所担心的事情并没有发生。

在政治方面也隐藏着许多关于女性的禁忌。刚进入政治圈时，面对的第一个最大障碍出现在决定参选党副总裁的时候。我拒绝了原本就有固定一席会留给女性的副总裁职位，也就是指定职副总裁，坚持要通过参选方式被选出。当时可以感受到大家认为身为女性只要好好担任那个指定职，进入党内指导部配合即可的感觉，这也等于是一种禁忌。

到民生现场访问时，亲眼看到他们的情况是最重要的。于江原道的道溪煤矿采矿场。

我打破了女性在指导部只是配角的禁忌，最后当选为竞选选出的副总裁。之后，金映宣、田丽玉议员也都是由党员们选出，并当到了最高委员。这几位都遭遇过很多曲折，政治界也有很多优秀的女性在努力地打破禁忌。我相信未来总有一天，大国家党通过竞选选出的指导部会有一半以上是女性。

我见过无数的女性，她们都非常热情、充满自信、极为诚实，但她们的眼前有着无数条禁忌线。例如：怀孕了公司就会将考核评为B等、社会普遍认为女性需要负担育儿责任、阻碍升迁的隐形障碍……但是她们勇敢越过了禁忌线。我尤其清楚，要想越过那些禁忌线需要付出多大的辛苦与努力。

我觉得那些辛苦与努力不仅可以使女性幸福，也可以让男性幸福。没有禁忌线，能让彼此更了解，便可以减轻彼此的负担。

我国男性们肩上的负担太多了，总是承受极大的工作压力，为家人不停奔波。从现在起，将肩上的负担也分些给女性吧，让自己稍微减轻那沉重的责任。

现在就试着回头看看自己的家庭。妻子、女儿们是多么聪慧精明啊！做父亲的疼爱女儿，一定希望女儿能成为优秀的人才而教导她、培育她，不是吗？如果女儿能稍微分担这社会的负担，世界将会变得更美好，这一点相信父亲们心里都很清楚。唯有将禁忌线清除，才能让所有人变得幸福。

英国撒切尔夫人、德国默克尔总理、芬兰哈洛宁总统、美国赖斯国务卿、希拉里·克林顿国务卿、惠普首席执行官菲奥莉娜……全世界有无数的女性，担任着掌管政治与经济的要职。全世界都已经是这样的趋势了，我们不应该还持有“女性还不可以”的偏见，忽视她们的能力。

笔记本公主，制作《大国民约定实践白皮书》

2004年底，为了四大法案协商，四党代表齐聚一起。当时我一直坚持不放弃原则。我早已预想到，我们和执政党的见解大不相同，肯定会遭到怨声批评。没想到那天我却得到了一个新绰号——笔记本公主。协商时，我把党内专家们经过充分讨论后达成共识的可变通部分与绝不妥协部分全都记在笔记本里面，并遵守着笔记本里写的最终底线。于是执政党借此攻击我说："朴槿惠拿着一本不能协商的'恐怖笔记本'，她只照着笔记里的内容说话做事。"

"笔记本公主"这个绰号通过媒体报导出来之后，支持我的人们激动地说"这是人身攻击"、"打压女性"、"中伤总统候选人"，但是我本人却不以为意。应该说，我觉得"笔记本公主"这个绰号听起来也不坏。

依执政党所言，"恐怖笔记本"是为了守住那些相信是正确价值观的"信念笔记本"、"原则笔记本"，也就是说"笔记本公主"是"坚守信念与原则的女性政治人"。不过，我之所以

不能遗漏与人民的约定，所以我的笔记永无止境。

会在听到“笔记本公主”这个绰号时笑出来，主要原因是对自己笔记本的用途感到自豪。

小时候我的父母，特别是父亲，总是会随身携带着笔记本。不管是参谋们的话还是人民的诉求，我父亲都会全部记下来，只要一有空就拿出来看，并且思考研究对策。就连就寝后躺在床上突然想到的想法，他也会起身点灯，将想法记录于笔记本上。母亲也一样，在她走访全国民生现场时，听到的意见或民怨她都一定会记录于笔记本上，指示具体人员去改善，并追踪后续的情况。我母亲认为说的话与记忆会忘记，但是用文字记录下来的东西，即使过一百年也会被保存下来。或许是因为从小看到父母这样做的缘故吧，我也是一直都保持着勤记笔记的习惯。

在担任党代表的期间，人力市场、单亲家庭、寻找失踪儿童、残障设施、传统市场、农渔村、试点学校等，我访问了一百五十五个以上的民生现场。政治必须与民众同在才对。到民众所在的地方，用眼睛和耳朵来得知真正的问题所在，是政治人物应该做好的重要课题。所以我一直努力到处走访，倾听民众的心声。当然，我的小笔记本成了“约定笔记本”，跟随我实际探访民生现场。

实际探访民生现场后，我习惯在回程的车上赶紧在笔记本里记录。特别是现场答应要帮忙的内容，不论再怎么细小的事，也一一记在“约定笔记本”里，并经常追踪进展。

作为随身带着恐怖“约定笔记本”的笔记本公主，身边的助理与大国家党事务处职员们的辛苦自然可想而知。

“答应西海岸花蟹渔民的事，现在进展得如何呢？那天我们不是答应要减轻他们的育儿负担吗？”

翻开笔记本，一项一项追问的时候，身旁的党职人员们总会眉头紧锁。怎么可能不会呢？为了遵守一项约定，必须提法案；若要反映到预算则需经过无数次的争论，承受极大的工作压力，不经多次的程序与同意是无法达成的。相关工作人员到处为此奔波的辛劳我非常了解且心存感激，但我依然还是只能当个督促的坏上司。为了让笔记本里的约定彻底实现，这一切都是必然的。

我国政治史上首度在2006年3月诞生了《大国民约定实践白皮书》，就是多亏我的助理与工作人员的努力。虽然没有受到很多媒体的关注，但我认为这本书是新政治、生活政治的开始。

这本书详细记载了过去我在国会总选、地方选举政见、民生现场探访之中与国民承诺过的约定事项，以及遵守了多少约定、进展的阶段、尚未实践的事情有哪些、为何尚未实践的理由等，内容多达三百多页，制作这本书的人员的辛苦难以用言语道尽。

“押海大桥、新千年大桥的预算怎么样了？”

“是……那个……”

我每天都这样劳烦他们，他们则为了掌握约定情况与实践进度，总是劳累奔波。

有些国会议员看到那本书，甚至说“要选总统的人应该看远一点吧，LPG特税、育儿预算、全罗南道沿海的建桥事项，为何花精神在这些琐碎的细项上呢？”我的看法却不相同。国民生活方面真正需要的不是什么伟大的政见，或者为了吸引人气而许下无法实现的甜蜜诺言。我认为即使受惠者很少且媒体也不太注意的小约定，身为政治人物都应当抱持负责到底的态度。

“书到了！”

印刷所才刚刚印好的热呼呼的《大国民约定实践白皮书》到了。大国家党遵守了约定的百分之四十，其余百分之六十是处于继续追踪中或者因为无法获得执政党配合而延迟的事项。看到这本白皮书我心想，一定要继续做到百分之百都实践的那天为止。很可惜的是，媒体并没有太注意这本书，甚至有很多人不知道这本书的存在。但我认为只要是大韩民国的政党与政治人物，都应该有类似的白皮书，为实践约定而不懈努力，相信这样绝对能够实现真正为人民的“生活政治”。

为遵守约定而做的选择

在我担任党代表的两年三个月期间，最心痛的是《行政中心复合都市特别法》通过的那段时间。原本在第十六届国会上通过的《新行政首都特别法》，在2004年10月21日被宪法裁判所判定违宪。随即在国会，朝野成立了新行政首都后续对策特别委员会，讨论此问题。大国家党以将燕岐、公州地区建造成多功能复合型都市为目标，与执政党达成了协议，但是政府执政党却在2005年2月5日提了移转十六部四处三厅政府机关的特别法案。

与执政党不同的是，大国家党内对于这个问题分歧很大。有些人主张，既已被判违宪，就干脆当作没这件事持反对票即可；但有些人主张，既然是第十六届国会通过的，我们大国家党有责，所以应该与执政党协商，持赞成票使其通过。

在农历新年之后的2005年2月11日，我召开了对策会议。经过两小时的会议后，我下了结论："现在已经无法当作没这件事而回到原点，我们也有责任在身，所以在特委会应该尽量与执政党协商，并在议员总会上决定党的决议。"而且我嘱咐身为特委会大国家党监事的金学松议员，要在特委会尽最大努力。2月23日朝野特委会协定的方案是十二部四处二厅移转到燕岐、公州地区，国家财政支出的上限为八兆五千亿韩元。

刚好那天是正月十五，早会结束后我就出发参加在釜山海云台沙滩所举行的赏月庆典以及釜山大学经营研究所的演讲活动。我在首尔站搭乘KTX（韩国高铁）南下釜山，就在快到大田时接到了秘书室的急电，说特委会的朝野协商完成了，需要立刻召开议员总会，要我赶紧下车改搭前往首尔的列车回去。

我一到达国会就召开了议员总会。议员们意见分歧很大，双方针锋相对，一时之间难以讨论出结果。最后在无法达成共识的情况下，我们只好以投票决定党的决议。投票结果为四十六比三十七，赞成票较多，但因反对票也不少，实在是一次非常困难的决定。

情况从那时起开始恶化。3月2日的全体会议票决即将展开，但是反对此法的议员们在会场持续抗议，以致出现“法案处理延至4月吧”、“议员总会再投票吧”、“举行公民投票”等主张。几位议员甚至表示，如果此法通过将辞去国会议员一职。在同党议员提出辞职的情况下，我身为党代表必须正视此问题的严重性，而且也必须思考解决方法。

但我必须作出决定：身为一个公开政党，在投票结果已经出来的情况下，党的决议是不能变更的。我认为，为了政党的未来也不应有此举动。

3月2日，五十天前我才亲自任命的政策委员会议长朴世逸因反对党的决议而宣布辞去议长一职。我身为党代表，还是必须遵守党的决议。我相信那是党代表的义务，至今我的想法也不曾变过。

那天我在议员总会表示："我知道有很多人不满，但是一个公开的政党是不能进行再投票的。这条法案已成为我们党的决议，请各位依照赞成与反对的信念于全体会议投票吧。"那晚，在反对派议员们的高喊与推挤之中，于国会全体会议的会场上通过了此法案。

此法一通过，全在姬议员开始绝食要求公民投票，朴世逸议员则表明要辞去议员职务，许多议员用强烈语气责骂党指导部。我的心很痛。他们为了坚持自己的信念而绝食与辞职，但是我身为党代表必须毫不动摇地遵守党的决议。我亲自请全在姬议员停止绝食，也请朴世逸议员不要辞去议员职务。

3月15日起，我将前往美国进行筹备已久的访美行程。就在出发的前一天，好不容易联络到辞职之后住在山寺的朴世逸议员，约好两人一起吃午餐。无论如何我都要阻止他辞职。可惜的是，午餐的约定被取消了，最终还是没能阻止他。

如今回想起来，还是觉得那是我担任党代表时期最心痛的一件事。2004年国会总选前，我当上党代表不久后，一直在大国家党内任职的汝矣岛研究所所长、政策委员会议长朴世逸议员，因为此案而辞职，这使我非常痛心难过。

我到现在还是尊重他们依信念所做出的决定。但我的决定还是遵守党的决议，这是我的信念。所以这是信念与信念的冲突。即便再回到过去那个时候，我身为党代表，结果依然不会改变。

此法通过后，3月4日，我在迷你窝上放了一段这样的文字：

“身为一位政治人物，最重要的价值观就是遵守与国民的约定。只要有一刻忘记，就会失去所有人的信赖。要打造值得国民信赖的社会与被其他国家肯定的先进国家，最基本的就是能够做到几项负责任的约定，以及为了遵守约定而付出许多努力。小利益会破坏大利益，小智慧会遮蔽大智慧。不要只是着眼于某个小角落，而要具备看整体的智慧，这样才能到达我们所向往的境界。我们社会开口闭口都是‘民主’、‘改革’、‘革新’，但如果连小约定都不能遵守，就等于没有基本哲理，就如同不会骑自行车却高喊着要骑摩托车一样。即使我们可以忘记，我们也不能扭曲别人想要遵守的善意约定。”

此法通过后，党内还是有人表示，日后大国家党掌权会让行政中心复合都市形同白纸。但我的字典里没有毁约这种事，因为约定是为了遵守而存在的。

权力是国民赋予的

2005年6月24日，卢武铉总统在参加执政权核心十一人会议之后，第一次提出“联政”这个词。一开始，出现的是小联政与大联政混杂的说法；后来，则公布卢总统真正希望的是执政党与大国家党的大联政。

一直到9月7日青瓦台会谈前，整个夏天媒体都在报导着大联政的话题。一开始我只是视而不见，除了卢总统没有说明清楚为什么要联政之外，依常识来看，实在也无法接受两个治国哲理与政策路线不同的政党联政。现在应该是在经济与民生方面多用心的时候，实在没必要卷入联政这种政治论点。

“大国家党只重视民生经济，除此之外我们从未对其他事情关心过。”

我明显地划清界线，表示大国家党并没有想要联政。但是媒体不断报导说卢总统要联政，而且总统的话时时刻刻都在改变，先是说因为“朝小野大的政局”造成经济困难，后来又说是要组“跨党内阁”，有时又听到他建议导入“中大选举区制”的选举法修订以取消“地区结构”——看来似乎最终目的是要修改选举区制。

就这样，7月、8月过去了。民众吃、住的问题都已如此突出了，政治新闻却还是只看到大联政，所以我觉得要有人终止这样的情况。

8月底，卢总统说："大联政是我政治生涯结束前的最后一次总结。"9月1日青瓦台秘书室长向我传达了卢总统想要会谈的提议，我立刻答应会谈。卢总统的一句"大联政"，已使全国飘摇，影响民生，我希望能赶快结束这样的情况，所以决定去青瓦台传达国民的心声。卢总统与我的领袖会谈时间一敲定，党内外有很多人担心我而纷纷给了建言。有人担心地说："卢总统是大韩民国最会说话的人，如果真的去会谈，会被卢总统牵着鼻子走。"虽然都是很宝贵的建言，但我很好奇国民如何看待联政、国民希望对卢总统说什么话，所以我指示人员在大国家党的网站做一个接受人民声诉的专区。

在议员总会也有很多人给了我建言。我请议员们安心，告诉他们："我是作为传达国民心声的代表前往，会朝着我们的方向充满自信地走我们认为正确的路。对于联政论，我会直接告诉卢总统，那是不可行的方针。"

9月7日下午两点，在青瓦台本馆的百岳室展开了会谈。我们方面有政策委员会议长、秘书室长、发言人共同出席；青瓦台方面则有政策室长、秘书室长、发言人共同出席。持续两个半小时的会谈之中，卢总统与我谈了很多话，各自都表达了想法。我一直在谈民生，而卢总统则一直谈大联政。卢总统很坦率但也很执著，有时甚至觉得他说话语气并不是很客气，有想要从气势上压过我的感觉。

身为在野党的代表，对于民生问题我强调我们一直持续协助，并表达了我对就业、小政府、不动产、教育、核武器问题、韩美合作等议题的想法。但是不管我说什么主题，卢总统的关心都只在大联政上。不论什么主题，他都能引到大联政、跨党内阁、取消竞选者与选民关系地域性固化的选举法修订上。他一直反复地说："你就负责去做做看吧。"

对于大联政，我真心给了卢总统几个忠告：

"所谓的权力，乃是国民赋予的，谁也不能言及权力的分配。权力是由国民所赋予，所以再怎么辛苦也要负责到底。您说因为朝小野大而感到辛苦，但是国会总选之后已是朝大野小了，不是吗？总统您应该专心于经济问题，才能以选举赢得民心。您应该知道，国民的意思才是最重要的。"

我讲出了我的信念，继续说道：

"大国家党对于民生问题一向百分之百支持协助，民生相关法案从没有一件不让通过的。在此我要向您明白表示我对大联政的立场，请不要再提大联政，我也希望能就此停住这个话题。"

不知他是否知道我的真心，卢总统反而说："我甚至想过，是否该尽快结束卢武铉时代。"他说出了想要中止任期的言语。

"请您以后别再说您要结束任期，这样会让国民感到不安。"

我们的谈话在没有交集的平行线上进行着。随着时间的流逝，卢总统开始表现出不想再继续聊下去的意思，所以最后我真心地说出了对于总统这个位子的看法：

“我因为长久在近处看着总统这个位子，所以很清楚。这个位子会招致许多误会，国民的担忧立即会是总统的担忧，是二十四小时劳心劳力、担负着无限责任的位子。别人会以为这是权力者的位子，事实上却是十分孤单。每位总统都有他那个时代要负的责任，因此，卢总统您有您时代的使命。请总统好好思考您的使命，好好完成任期。在野党只希望国家更好，身为在野党，有在野党必须扮演的角色，我们随时都会忠实于这个角色。没有哪位政治人或者总统是可以赢得了国民的。请您记得，到哪里都要惦记着经济，这是最重要的。”

他没有任何回答，这是表示谈话结束时间到了的意思。

隔天卢总统要出国巡访，恰好他的生日就在那天，我送上了生日祝词。他听了之后说：“我以前不太过生日。我出生时，母亲也没有做什么胎梦，所以我是没有传说的领导者。”不知为何这番话令人有点感伤。

那天，卢总统与我之间的会谈就这样结束了。从此以后，大联政不再被提起。现在只要想到那天我没能充分说服卢总统将真心转移到民生上，还是感到十分惋惜。

五十三天的《私立学校法》之争

2005年12月，国会的教育委员会由大国家党与政府执政党各自提出了不同的《私立学校法》修正案，并进行了数日的协商。

私校法之争其实已有两年之久。执政党认为私校财团贪污严重，所以主张私校理事会要有三分之二以上是开放型理事。虽然执政党是这样的主张，但事实上能够更严格监控私校贪污的是大国家党的私校法修正案。大国家党所提的私校法修正案是连理事会的会议记录也需全部公开，导入公营监事，公开会计并将预算与结算透明化。而且我们主张私校财团对于私校的预算与结算的计算根据，是连一支粉笔也要全部公开，并将此规定记载于条款之中。然而，执政党却只着眼于开放型理事参与理事会事宜。

若要成为先进国家，必须培养人才，因此学校应具备竞争力。为了培养学校的竞争力，最重要的是学校的多元化与自律性，制式的规定很难达成具有创意性的教育。

事实上，只要照法规执行，修正前的私校法就已经足以严格杜绝贪污，不会有贪污之事发生。但是教育当局并没有按照法规执行，导致一些私校发生了贪污事件。私校本来就是很容易产生贪污的团体，若要外部人士进去监视却有些太过夸张。打个比方，就好像抓蚊子却用了捕兔器一样，用这样的比喻来形容似乎非常恰当。

在以前穷困到没几间像样学校的时代，自掏私财兴建学校培养人才的多数是健全私校，如今到底为了什么要贪污呢？用常理实在难以理解，所以我们只能认为应该是有特定理念的集团渗入了理事会，再任意搅乱学校教育。

执政党开始称大国家党为“拥护贪污私校者”，将私校说成是贪污既得利益者。执政党自己则像是来断定别人有罪的使徒，挥舞着刀剑，使国民与私校分成不同的两边。

2005年12月9日，执政党强行通过了私校法。国会从早上便笼罩着一股紧张气氛。到了下午四点左右，会议开始的二十到三十分钟前，照惯例会场会开门，但是这天打破惯例，只有十几个执政党议员先行进入会场。在这些执政党议员偷偷进场时，大国家党的议员们想入场却遭到拒绝。大国家党的议员们极力反抗，但是一直等到执政党议员们多数进到会场后，会场的门才打开。走向国会会场前方主席桌的议员竟遭到了开放国民党议员的肢体攻击。瞬间，场内到处都是议员互相推挤的场面。会场一片混乱的时候，国会议长在警卫的护卫下进入会场。在国会议长的主导下，快速强制通过了私校法。大国家党议员们极力阻止执政党议员们票决，但是力不从心。才不过

孩子是我们未来的主人翁，孩子们成长的教育环境与制度绝对需要细心考量。

十五分钟，私校法已遭绑架处理结束，连提案说明、讨论都没有进行。大国家党议员们一时之间茫然若失。

私校法是什么样的法？这法规会关系到我们孩子的未来与未来教育，不是吗？

大国家党议员们当场进行抗议。晚上七点三十分，我们聚集在与会场相连的中央阶梯，我以坚定的心情站在前方，发表了《对国民谈话》。我宣布："我们将与这块土地上的所有家长们一同反对私校法。"这是大国家党在第十七届国会首次进行场外抗争。自2004年6月第十七届国会会期开始以来，尽管被一些人批评为"不像在野党"，大国家党仍然坚持不进行场外抗争。第十六届国会时执政党有过无数次的场外抗争，但第十七届国会一直到私校法事件之前我们都从未进行过任何一次的场外抗争。虽有许多危机时刻，但我们都认为不该跑到国会外面示威，应该在国会里面热烈争论，因为我们不想以民生之外的事情扰民。就连2004年的《国家保安法》废止的反对抗争，我们也没踏出国会一步。

但是执政党突然将私校法以强制的方式通过，我们随即迈向场外抗争的道路了。我原先很苦恼要不要走上场外抗争这条路，但是执政党在国会全体会议上强行通过私校法后，我甚至对外公开发表了《对国民谈话》。大国家党一时陷于紧急状况，我们召开了最高委员与重要议员联席会议以及议员总会。

我的结论是绝对不能让步。《私立学校法》关系到我们的孩子们，如果孩子们的思想不同了，国家的根本也会有所改变。眼看如此重大的法案被执政党利用，我们再也无法忍受下去了。

私校法抗争前期，“修订出合理的私校法”是大国家党的诉求。但执政党将之扭曲为“拥护贪污私校的大国家党在对抗修订私校法”，造成媒体对我们的冷淡，许多民众对于大国家党的场外抗争也是冷眼看待。

随即，党内有议员主张“应该顾及民生，现在面临的不是场外抗争就能解决的问题，选择迂回的路比较好”。但是此次不能退让，我在议员总会上对议员们说：

“我们之所以抛弃一切，决心进行场外抗争，是有充分理由的。想回国会开会的人如果超过半数，我们就结束这场场外抗争；如果没有，我们要抗争到底。会使国家本质动摇的法规，绝不能让它通过。法规的基础不清不楚的话，大韩民国整

我自始至终从不放弃的其中一项就是我们孩子的未来——“教育”。

个国家都将遭到影响，绝对不能忘记这一点。”

议员们表示了继续抗争的决心。即使大国家党的民调支持率下降，所有人仍团结表现出坚守信念的意志。

一开始的街头抗争选择的地点是明洞，我们在那里集会，通过发传单给民众的方式，揭发强行通过私校法的不正当性。偏偏那一年是史上创下最低温的一年，只要在外面站一会儿，双脚就会冻僵；即使穿了厚厚的秋衣也套了毛衣，身体还是感到阵阵寒意。抗争私校法的那年冬天，实在十分寒冷。

我们与私校团体、宗教团体一起在首尔站、市厅前广场，以及全国各大都市举行了大规模集会。还改造了卡车，不断进行小规模的移动式集会。然后慢慢地，民众开始知道最具争议的“开放型理事制”的问题所在。全国各处纷纷举行私校法讨论会与恳谈会，并成立了抗争本部。

随着我们的抗争不断持续，民众的关心与理解渐渐增加了，媒体民调结果也开始好转。就连原本表示“私校法绝不能再修订”的执政党人也开始变得不安了。寒冷的冬天，2006年1月31日朝野院内代表在北汉山进行步行会谈之后，长达五十三天的持续抗争终于画上了句号。在北汉山那里，达成了“讨论私校法再修订”的协议。2月1日，国会再次展开会期。

在这之后，私校法仍然没有再修订。然而，政府执政党的气势却渐渐消解。虽然执政党部分人士反对私校法再修订，但是在无数社会与宗教团体、国民的集体抗议下，执政党只好逐渐屈服。

私校法抗争这件事情，引来许多人说我“给国民留下了保守又好强的印象”，做了亏本生意。然而，我绝对不后悔自己的选择。即使是作出让步或大事化小小事化了的人，也会有他最后坚守的堡垒。对我而言，那就是“教育”。教育是决定我们未来的根本，若有人将其加以利用，我绝不会坐视不管，也不能够坐视不管。如果因为就私校法进行抗争会带来损失，就紧闭双眼坐视不管，将会在我良心上留下很大的伤口。那我当初放弃“自由人生”而揽上“无止尽的重责大任”，重回政治之路就没有意义了。

大阿姨心爱的侄儿们

那天的气氛有些异常。原本只要我一进玄关，孩子们一见到我的身影就会大喊“大阿姨来了！”但是那天他们很安静。就连我走过去，孩子们也纷纷往后退，甚至平常一定会跑来抱住我、亲我脸颊的敬元，也只是站在远处望着我。我心想：

“因为脸颊贴着绷带，所以孩子害怕了吗？现在没办法像以前那样笑了，所以表情很奇怪吗？”

我走近孩子们，弯下腰来平视他们的眼睛，对他们说：

“发生什么事了吗？好久没看到你们了，怎么你们都不来亲亲大阿姨呢？”

站在角落的小丹指着我贴绷带的脸颊，小心翼翼地走过来问我：

“大阿姨，现在不痛了吗？”

我心想：“原来是这样。”

也不知他们是怎么知道的，看来他们是在担心我。

“嗯，现在大阿姨都好了，所以才来看你们啊。都没事了。”

“真的？”

可爱的侄女们亲手做给我的扇子。不管怎么累，只要看到他们的笑容，就疲劳尽消了。

突然，安静的孩子们纷纷变得像平常一样，扑进了我的怀里。有的发出欢呼声，有的亲我，有的开我玩笑，还拉着我的手要我一起跟他们跳新学的童谣歌舞。仿佛从未疏远过一样，充满朝气和活力地唱歌跑跳。

幼儿园的园长说：

“代表，孩子们在电视里看到您的脸被划伤的新闻画面，隔天来上学都哭了。还问我是谁害我们大阿姨那么痛的。全都围在一起祈祷‘请让大阿姨赶快好起来’。刚刚可能是因为觉得代表您还很痛，所以才不敢靠近吧。”

听到幼儿园的园长这么说，我不知不觉鼻子发酸。

“我的侄女侄子们……害你们担心了。”

平时，媒体采访或者演讲时总是会被问到：

“您没有家人也没有子女，不会寂寞吗？”

平常我都是回答“太忙了，没有空寂寞”。但我有着大家不知道的家人，就是叫我“大阿姨”的七个小天使。与这七个小天使的缘份是从2004年6月开始的。

某个很晚下班的夜晚，我偶然听到一位女性党职人员打电话给家人，说她因为工作多要加班，可是没人去接幼儿园的女儿。她赶忙打了好几通电话联络。平时因女性迈入社会工作与出生率下滑的问题，我已开始注意到保育政策，但她的电话内容给了我很大的冲击。

我们政党总是提出要注重女性保育政策的政见，那就应该先顾及自己职员们的保育才对，但实际上却没有好好照顾到。我惊觉连我们自家都没做好，那我的保育政策岂不是流于口号而已。

隔天，我正式提议党舍设立幼儿园。随即出现“投资与成效会不成比例，效果有限”、“党舍没有空间”、“没有钱”、“职员们不会带孩子来的”等反对意见。我心想：“对，正因为一样的理由，所以一般企业、公共机关都不设立幼儿园，而将保育工作丢给女性们。”随即我的声音也不自觉地加重了。

“快乐幼儿园”开园那天，证明了实践政策活动已经从我们党内开始做起。

“我们都还没有做，怎么会知道呢？世上任何事都有困难之处，但是不应该因为困难而妥协或让步。连个幼儿园也没有

“快乐幼儿园”开园那天，证明了实践政策活动从我们党内开始做起。

的政党，如何谈论什么保育政策？一定要设立幼儿园，请即刻准备吧。”于是我下了结论，便开始进行相关事宜。

2004年7月1日，大国家党里的“快乐幼儿园”开园了。开幕式那天，是我增加了七个家人的第一天。从最小十七个月大到满两岁，总共七个孩子，个个都是小天使。幼儿园虽然偶尔会有哭声，但是他们连哭的模样也都十分可爱。

在那之后，我每天行程忙碌，但党内外的事情越多，压力越大，我就会越想去快乐幼儿园。孩子们开口就喊“大阿姨”，还会来拥抱我。看到他们的模样，我的烦恼忧愁立刻一扫而空。即便助理因为下一个行程临近而一直对我比手势要我准备出发，我也舍不得减少和我可爱家人相处的时间。随着孩子们的长大，我的宝物也越来越多。他们送我的扇子上画了我的样子，还送了新年贺卡……每一件都是珍贵的宝物，都让我看了不自觉露出笑容。

现在幼儿园又增加了新家人，总共有十一个小孩了。可是党舍要迁到汝矣岛时，又有反对的声音出现："幼儿园很难一起搬过去。"可见还是有很多人不记得保育有多么重要，以及这是保障女性社会活动出发点的事实。

女性如果能从育儿与保育方面的负担中获得解放，就能提高国家的竞争力。我自己就亲身体会到，自从党舍设立幼儿园之后，女性党职人员更能够放心地工作并且大大提高了工作效率。结果，不但托付孩子的女性党职人员受益，设立幼儿园的大国家党也提升了竞争力。

我认为真正的政治是寻找一条路，一条让制定政策的人以及政策受惠者都能切身感受快乐与幸福的路。年轻的妈妈们应该不必担心孩子，尽心于职场工作并展现能力，孩子们则应该在安全健康的环境里茁壮成长。我希望的政治是使制定保育政策的人以及保育政策的受惠者都能幸福。

我的未来伙伴，大韩民国的年轻人们

从政以来，令我感到快乐的一件事情就是与年轻人见面的机会增加了。如果没有从政，我可能就不会见到这么多拥有各种不同想法的年轻人了吧。

不论在哪里见到的年轻人，总是第一眼就能给我特别的喜悦，可能是因为朝气蓬勃且热情有活力的关系吧。所以不论是去国内其他地区或国外，我都会尽量安排与年轻人见面的行程。

2006年8月15日，参加光复节纪念典礼之后回到家时，原以为已回家的执行秘书再度来到我家，说是有话要对我说。原来有个女大学生在我家门前等我，遇到了我的执行秘书。执行秘书告诉我这事，把我吓了一跳。

这个女大学生是檀国大学天安校区的女学生总会会长。她为了请我去学校演讲，在门口等了好几个小时。我的执行秘书问她："你怎么知道代表住的不是公寓而是一般住宅，怎么知道地址的？是怎么找到的？"

这名学生回答："我是女学生总会会长，我希望在我任期

我们的年轻人的热情照亮了大韩民国的未来。在淑明女大的演讲会场。

内一定要邀请到朴代表来演讲。代表是我们国家第一位最具影响力的女性政治人，所以我非常想亲耳听到她的演讲。可是我不知道要跟谁联络，如果打电话一定不会转达，我就搜寻了网络新闻，看到是住在三星洞的一般住宅，因此我就来三星洞这里的房产中介找，可是问他们都问不出什么来，绞尽脑汁好不容易才问到的。今天是光复节，学校不上课，我看到电视上报导代表今天去参加了纪念典礼，所以立刻前来这里等，想等到代表回来。”

那位女大学生的热情与聪明才智令我钦佩，我连行程表都没确认，就答应要去演讲。“制定目标、拟订计划、毫不犹豫地付诸实行！”真是个了不起的大韩民国大学生！

她对首尔并不熟，公交车路线、地铁路线也都很陌生，但即使辛苦也一定要做到，还找了房产中介问了老半天才问到我的家。最后她将“演讲提案”这个目标完美达成了，令我感到非常骄傲。

除了檀国大学的这名女学生，我遇到的很多我国的大学生也是一样，只要下定决心就毫不犹豫着手进行，寻找方法并达成目的。他们都抱持着非常积极的态度。

“即使无法立刻就业，我也不会感到挫折，在找到适合我的工作之前，本就会经历这段过程的。”我在某个就业博览会遇到的求职毕业生，手里拿着一叠厚厚的履历表，带着微笑说了这番话。

“我听了代表您的演讲，可是没能问您问题。”一位淑明女子大学学生听我演讲之后想再多聊一会儿而跑到国会来找我。“大国家党如果想改变，就必须吸收年轻人才。”也有成均馆大学的男学生将自己的想法告诉我的秘书们，并且因此约了和我见面的行程。我们的年轻人正用挑战精神与实践力照亮大韩民国的未来。回想起来，我大学时代遇到的同学们也是如此。

在对于电子工学还不太了解、家里电器产品也不多的那个年代里，我们相信电子工学未来会促进我国的经济发展，总在实验室里拿着难懂的原文书，彻夜苦读。

父传子，母传女，风气是会代代相传的。我们国家的年轻人也是传承了父母亲那个年代相信“我一定能做得到”的精神。我父母的年代是从无到有的，而现在的年轻人这一代，相信一定可以带领大韩民国成为世界上最棒的国家。

1. 中国国家主席胡锦涛表示，愿意为朝鲜核武器问题的和平解决努力到底。

2. 韩日关系的重点在于必须持续敞开真心对话。与日本安倍晋三合影。

3. 与美国国务卿赖斯的见面像是与好友交流意见。

4. 中共中央对外联络部部长王家瑞送我中国民俗纪念品双狮。

1. 我的外交活动的前提是信赖以及国家利益为先。与美国前国防部长佩里合影。
2. 外国学生是我国未来的同伴。
3. 每次在国外受到韩国侨胞热情欢迎时，就会更坚定我要加油的想法。在北京韩国国际学校。
4. 哈佛大学肯尼迪学院演讲现场，述说着我们光明的未来。

第五部

我的信念将在世界舞台持续

每次无论我走访到世界哪个国家，
抵达当地的第一天都会先安排与我国侨胞们见面。
这是我对身处他乡异地、
却能坚忍不拔落地生根的我国同胞，
表达敬意的独有方式。
遇到散布于美国、日本、中国、欧洲等世界各地的我国同胞，
就会像见到儿时玩伴般高兴万分，
我很喜欢因为我们都流着相同血脉而有的那股凝聚力。

我们一同前进的道路宽广且充满希望。在中国巡视铁路渡轮。

我的第一个外交原则

曾经我在书中阅读到，原来在哈佛大学教堂一侧的墙壁上，挂有一面纪念铜牌，上头刻着当时因参战而死的哈佛毕业生姓名。2007年2月我前往美国，准备在哈佛肯尼迪学院发表演讲。我吩咐秘书室，在我一抵达哈佛大学时，希望可以直接先到学校里的教堂，向那些战死于韩战的哈佛学生们致敬。

哈佛大学位于坎布里奇，这里是个安静且美丽的都市。即便寒风凛冽，哈佛大学的学生们依然充满着朝气与活力。抵达学校后，我们一行人穿过满是古意盎然的建筑物的校园，朝着教堂的方向前进。教堂内，气氛十分幽静。阳光透过窗户，照亮整个原本幽暗的教堂，室内萦绕着庄严虔诚的氛围。

教堂左右两侧的墙面上，挂着刻有战死毕业生姓名的纪念铜牌。左侧是第一次世界大战及第二次世界大战时牺牲者的姓名以及毕业年份；右侧则是韩战牺牲者的姓名以及毕业年份，密密麻麻且清楚地刻印在铜牌上，这样的景象，使我内心炙热了起来。

哈佛大学对于这些为国牺牲的勇士们，感到相当光荣。我们站在牺牲者的名字前默哀，为我们提供解说的校方人士及校警，也自动摘下帽子向牺牲者们致敬。

走出教堂后，担任解说的哈佛大学校方人士表示："当我收到通知需要安排行程至教堂时，不是很明白您的用意。其实我也是今天才知道原来教会里存放着纪念铜牌。看完后，我的内心也同样相当感动。"

在我出国参访时有一个必定遵守的原则，就是向曾经帮助过韩国的人表达我心中多年的感谢。我们经历不幸的近现代史，但得到了许多国家的帮助支持，特别是韩战当时，提供协助的二十一个国家（战斗兵力支持十六国，医疗等支持五国）的士兵们，他们可能当时连韩国是地图上的哪个国家都还不是很清楚，却为了维护自由民主主义而牺牲奉献。如今那些幸存的士兵们无论在何处重逢，只要谈到韩国，就会重回二十几岁时的时光，聊着当初在韩国的回忆，甚至讲到韩国惊人的发展，会像自己的事情般开心激动。

2005年3月，我担任大国家党党代表后，第一次踏上了外交访问之路，那次是去美国，而我的第一站行程也是到韩战参战士兵纪念碑前献花。

华盛顿韩战参战士兵纪念碑设立在林肯纪念馆前的广场一角，抵达纪念碑时，意想不到的神秘嘉宾正等待着我们。他

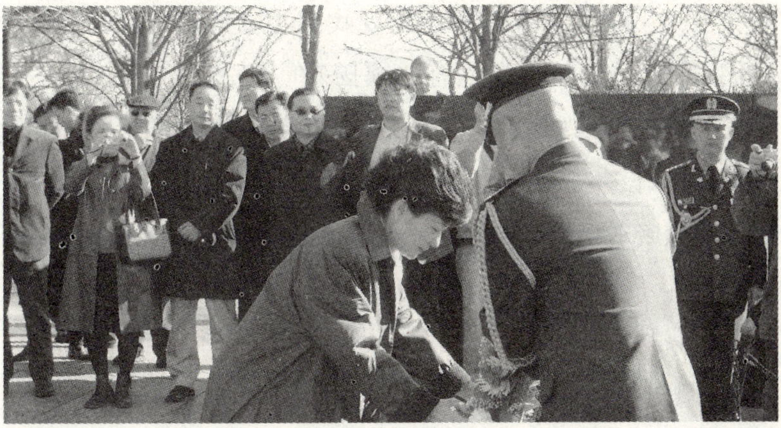

在美国林肯纪念馆前的韩战参战士兵纪念碑进行献花，向他们表达最崇高的敬意。

们是住在华盛顿邻近郊区当初曾参加韩战的美国士兵，虽然参拜时间只有短短十分钟，但他们却愿意从车程长达一小时的郊区亲自开车前来。我看着他们，红了眼眶。他们穿着韩战当时的军服、别着当时别过的徽章，虽然年纪已老，发色已白，却仍旧威风凛凛。

纪念碑附近设有小型公园，在公园正中间，竖立着十九名美军穿着雨衣持枪行军的铜像。再往前走，长达四十九米的黑色花岗岩上，刻着两千五百名参战士兵的脸庞。纪念碑上写着“在国家的一声令下，就将一生奉献给不认识的国家及从未见过的人并守卫他们，美国向这些美国的子民们奉上最高的敬意”与“自由不是平白得来的”这两句话。国家不忘为国牺牲的勇士，这就是美国的力量。反观我国西海交战[①]时牺牲的士兵们，至今还没能得到该有的颂扬；在“6·25”战场中失踪的俘虏们，也都还无法确认生死。与美国韩战牺牲者相较之下，显得凄凉许多。

那天晚餐时间，我招待了六对参与韩战的美国夫妻。他们聊着当年在韩国的回忆以及年轻时在战场上的故事，一群人聊个不停，甚至忘记了时间的流逝。参战士兵们对当时的战争状况、负伤、移动路径等都还记忆犹新。他们也不忘夸赞，过去一片废墟的韩国，如今却能有如此成就，也令他们感到非常荣耀。

他们对待我就像从韩国来的姐姐或妹妹一样，虽然肤色不同，但我们却因韩国而结下情同手足的缘份。

① 韩国和韩鲜在朝鲜半岛西部海域发生的多次武装冲突。

解决朝鲜核武器问题的“饭桌论”

2002年10月朝鲜核武器危机爆发至今，因朝鲜核武器所引发的朝鲜半岛危机局势持续紧张。而我们的政府有何应对？我国政府对于朝鲜核武器的认知，可以从总统的言论中了解确认。朝鲜宣布了核武器的开发，当时刚好是2004年11月正在进行六方会谈的时候，为了防止此举，卢武铉总统在洛杉矶表示：“朝鲜主张核武器开发是为了防卫各种情况，纯属自我防卫用，我认为某种程度上也有其道理。”后来朝鲜核武器实验仍强制执行，就在两个月后也就是2006年12月时，卢武铉总统在新西兰表示：“朝鲜并不会因为实验过一次核武器，就比韩国的军事更具优势。”然而这些话只会让外界更抱持怀疑态度。

朝鲜如果以核武器武装自己，我国人民生活的土地就很有可能在一瞬间成为废墟，即使是万分之一的几率，只要有人去制造那种可能性就令人感到发指。不管我们花再多的钱购买最新型的尖端武器、增加军队人数，只要站在核武器面前就会变得毫无用处。更何况，朝鲜半岛情势因朝鲜核武器问题而站在危险的绳索上，在这样的时间点，外国投资者会放心地来韩国设立工厂或创立研发中心吗？

我认为关于朝鲜研发核武器是一定要阻止的，如今我的想法依旧没有改变，核武器必须完全废除，这是朝鲜以外参加六方会谈的韩国、美国、中国、日本与俄罗斯在紧密的互助下异口同声的共识，并相信若要让朝鲜停止核武器实验，就必须明确指出当他们放弃与不放弃核武器时会有哪些利益与不利。

第一次爆发朝鲜核武器问题时，身为第一在野党代表，我无法再继续袖手旁观。所以在2005年2月朝鲜发表核武器保留宣言后的一个月、也就是3月时安排了美国访问，5月时安排了中国访问，去说明我所构想的解决朝鲜核武器问题的方案，请两国一同积极努力，并就核心当事国美国与朝鲜间的信任恢复，以及中国必须在朝鲜与美国中间协调努力的重要性来做进一步说服。

访问美国的时候，我在代表美国保守主义的研究机构——美国传统基金会，以及哥伦比亚大学的演讲中，表达了我对朝鲜核武器的想法，还以“饭桌论”来举例说明。

“在西方用餐时，汤、主餐、甜点依次上桌，但在韩式餐桌上，饭、面、汤和菜会通通一次全部上桌。朝鲜核武器问题虽然也可以像美式风格一样，以阶段式的方式循序渐进，但对韩国人来说，我们比较习惯将所有解决方案放于一桌一次性解

为解决朝鲜核武器问题，在全美新闻俱乐部发表演说，并提出解决方案。

决。”

国防部出身的军官们，非常专心地倾听着，并做着笔记，可以真实感受到美国最高首脑们也都对朝鲜核武器问题高度关注。

演讲结束之后问题不断提出，美国前驻韩大使汤姆森·霍伯说：“我对‘美国不应对朝鲜核武器问题只做理论性思考，必须保留东西方文化差异与思考方式差异的空间’这段话印象非常深刻。”并表示了他也深有同感，而关于我所说的“看着为了领取美签证而凌晨就在美国大使馆外大排长龙的人群，就连支持韩美同盟的许多韩国人也都感到自尊心受伤”这番话，大家则是非常沉重严肃地聆听着。

在哥伦比亚大学的专题演讲中，为了展现要是朝鲜放弃核武器，未来会多有希望，我主张以“朝鲜经济重建”为目标所进行的“朝鲜版复兴计划”，且强调必须要能具体提出大胆的利益才行。相反，我也详细说明了要是朝鲜不放弃核武器，会产生什么样的负面影响，并强调建构让朝鲜放弃核武器的环境，是我们未来的政策目标。

演讲完毕之后，学生不断踊跃提问。有位学生举手问道：

“关于韩美同盟的问题，您认为美国该采取什么样的方式介入？”

“为了新的韩美同盟，不管是韩国或美国，双方都必须站在对方的立场思考。东方有句成语叫作‘易地思之’，意指若要成为更信赖的朋友，就必须设身处地站在对方立场多想想，我认为除了韩美同盟外，朝鲜核武器问题也需要这样的努力。”

解决朝鲜核武器问题，是我身为大国家党党代表时期最重要的课题之一，在朝鲜彻底放弃核武器、朝鲜半岛实现和平稳定之前，我仍会持续不断努力，对于朝鲜核武器问题的解决原则也决不会有所动摇。

中国最高领导人胡锦涛主席

2005年5月我与中国国家主席胡锦涛会面，那年2月，朝鲜发表宣言声称拥有核武器，朝鲜半岛又回到之前的紧迫局势，为了解决朝鲜核武器问题，3月我到美国访问，4月进行完再补选后就前往中国了。

当时中国是供给朝鲜百分之八十能源的盟国，主导六方会谈，并且全力将朝鲜拉入对话中。为了解决朝鲜核武器问题，恢复信任是当时的迫切任务，我们急需有一方担任劝说角色，让当时拒绝对话的朝鲜出席对话场所，而中国正是担任此角色的绝佳国家。

2005年5月24日，我与胡锦涛主席在中国人民大会堂福建厅会面。胡主席以往都会配合来宾抵达时才出现在会谈场所，但那次打破了外交惯例，提早抵达等我，他那仁慈外表下的英姿雄风让我印象深刻。我以苦学的中文向胡主席打招呼，胡主席惊讶地睁大了双眼并露出了亲切的笑容。

会谈在和谐的气氛下开始，谈话内容主要集中在目前最重要的话题——朝鲜核武器上。

与中国主席胡锦涛谈论朝鲜核武器与理工人才培养的问题，相谈甚欢。

“我认为目前六方会谈难以进行的主要原因在于朝鲜与美国长久以来累积的不信任感，为了降低两方之间的不信任，使双方能重启对话，除了两国必须各自努力之外，我认为也需要一个中间协调者，而我认为中国最适合担任中间协调者。目前为止中国一直扮演着良好的桥梁角色，我期待未来中国能更积极地担任此角色。”

我强调朝鲜与美国之间的信任恢复是最重要的事情，也切实需要中国所扮演的角色，而胡锦涛主席的想法也与我一致。

“关于朝鲜半岛的无核化、通过沟通和平解决朝鲜半岛问题等，中国政府持有一贯立场，重返六方会谈有着许多难处，因朝鲜与美国之间存在着太多不信任，相信通过沟通和平解决朝鲜核武器问题，对所有国家及国际社会都会有利。只要有一丝希望，中国还是会为朝鲜核武器问题的和平解决努力到底。”

听到中国最高领导者承诺不会放弃解决朝鲜核武器问题，虽然仍面临艰难情况，却给了我一剂强心针，相信只要六方会谈参与者共同合力，绝对能解决这个问题。

我们还聊了理工人才的培养政策话题，我与胡主席同为理工背景出身，我主修的是电子工程，胡主席则在清华大学主修水利工程。

我以会谈前一天参观的中关村作为话题切入点，结果胡主席的兴致马上变得高昂，声音也更有活力。北京的中关村是中国的硅谷，有着北京大学和清华大学等名门大学，也有无数的IT企业与来自世界各地的研究机构，光是在中关村工作的本科以上高级人才就多达三十六万名。我亲眼见证不断吸取世界技术与资本的中国技术现场，也感受到了那股非凡气势。

“曾经还是农村的中关村，竟然能在短短五年内脱胎换骨成为开发尖端技术的科技园区，这让我感到非常惊讶。”

当我表示对中关村的变化与发展感到惊讶时，胡主席的眼神更加明亮，并对我述说起中国的科学技术培育政策。

“1960年代，中国为了实现经济发展与工业化，培养了许多理工科出身的人才。随着岁月流逝，这些人也成了社会领导阶层。”

听了胡主席的说明，想起我国国民曾经对理工科避之不及的事实，不禁感到焦虑。我国也在1960年代，提倡唯有技术革新才是活路并致力于科技发展。当时科学家们频繁进出青瓦台，父亲只要一有空闲就会到研究现场与科学家们对话并给予支持鼓励，这成为我国产业发展的原动力。但是经济危机一爆发，最先进行组织结构调整的就是技术部门，并缩减研发费用，科学技术基础就这样瞬间瓦解。历经四十年所累积的基础，竟在一瞬间崩塌，从前是最厉害的优秀人才才进得了理工界，现在则是鲜有人要到理工界，最近甚至还有毕业于名校理工科系的硕士生，插班进首尔大学医学院重读的事情。果断使其倒塌很容易，但要重新扶起则是困难无比……

与胡主席的谈话非常自在也很开心，我想，用“理工界的人有着共通的语言”这句话来形容是再贴切不过的了。

带来幸运的赖斯长官

与美国国务卿赖斯见面是在2007年2月，我第二次访问美国时。2005年访问美国时，赖斯长官刚好巡访亚洲停留在我国。

当我走进国务卿房间时，穿着红色套装的赖斯长官正面带微笑迎接我，红色套装正好衬托出她那迷人的魅力。

我首先向她致谢，谢谢她当初在我2006年地方选举被袭击时，传来慰问的信息。虽然先前未曾见过面，但当时赖斯长官通过美国驻韩大使馆传送慰问信函给我。可能也因为如此，即使是第一次见面，却仿佛见过多次一样有种熟悉亲切的感觉。

我们先聊了踏入政坛的动机以及关于经济政策的事情，之后终于聊起了我们两人都共同关心的朝鲜核武器及韩美同盟的问题。

我说："听说长官您的钢琴与花样溜冰实力不凡，似乎只要下定决心，任何事情都能达到最佳水平，我想六方会谈应该也会成功地被您领导。”我先以此展开话题，因为就在几天前的六方会谈中，达成了将朝鲜核武器问题以阶段性方式解决的“2·13”协议，所以长官的神情也显得轻松许多。

赖斯长官回应：“我想是因为第一步走得好，未来相信还有更多困难，我们必须持续努力让朝鲜不再回到从前。”她清楚表达了自己对于此事的看法。

此外，她也清楚表明朝鲜人权问题是美国关切的重要议题。

“除了朝鲜核武器问题之外，我认为最终目标是朝鲜应走向开放。”

然后她向我问道：“若您当上了总统，如何改善与中国、日本等邻近国家的同盟关系？”我回答希望将美国、日本、中国、俄罗斯参与的六方会谈，发展成东北亚的安全保护合作体制，并提起了华盛顿的参战士兵纪念碑话题。

“我不管走到世界哪个角落，都一定会先对曾经帮助过韩国的人致以最深的谢意。前年3月拜访华盛顿时，第一个拜访的地方就是韩战参战士兵纪念碑，这次同样也是先到了那边。我看这次天气太冷，整条街都结冰了，虽然地滑穿高跟鞋很难行走，但我仍一步步走到纪念碑前献了花，关于韩美同盟的心意，也正是如此。”

当我说完时，原本神情凝重的赖斯长官突然变得开朗，后来也聊了许多各式各样的话题，随着对话时间越来越长，我们也逐渐脱离形式，分享了更多心底话，最后在交谈结束时，她也向我表达了幸运的祝福。

再次相遇的唐纳德·拉姆斯菲尔德部长

2005年3月访问华盛顿的第二天，与美国国防部沃尔福威茨副部长约好会面。但就在前一晚一通电话打来，拉姆斯菲尔德部长希望能与我直接见面。

这让我想起了1974年，我以第一夫人身份接见了当时以福特总统国防部部长身份访问韩国的拉姆斯菲尔德长官一事，当时他担任的也是美国国防部部长。

我们到达五角大楼（国防部办公室）后，负责亚太地区安全事务的副助理部长劳利斯出面迎接，他带着我们到了会议室。会议室里拉姆斯菲尔德长官正等待着我们，当他看到我时，欣喜地握住了我的手聊起了往事。

“我到现在都还记得当时与朴总统和您见面的场景。虽然陆英修女士刚过世不久，但您的父亲仍屹立不倒，让我十分感动。当时您也是年纪轻轻就执行着第一夫人的任务，那模样至今还让我印象深刻。”

我们聊了许久，讨论朝鲜核武器问题及朝鲜半岛的情况。交谈过程中，他突然拿出一张人工卫星图，那是由人造卫星所

与美国国防部长唐纳德·拉姆斯菲尔德一起看着卫星图，讨论世界和平与自由民主主义。

拍摄的朝鲜半岛卫星图。

“这是深夜时拍的照片，您看韩国灯火通明，朝鲜却是漆黑一片。自由民主主义呈现出如此繁荣之景，但北边的世界却是一片暗黑。我看了这张照片之后，顿然体会到自由民主是多么珍贵，干脆将它夹放在书桌的玻璃板下。”

然后他突然起身，说要带我们看他的书桌，并引导我们走向了他的办公室。这是部长首度破例，不仅让我们感到意外，连陪同的美国国防部同仁也都吓了一跳。

拉姆斯菲尔德长官的书桌玻璃板下果然夹着刚刚给我看的那张人造卫星空拍图，他将照片递给我，并说道：“请您看到这照片时，不要忘记自由民主的珍贵。”并补上一句：“我常把这张照片当作礼物送给前来访问的世界各国领导人。”

那天，拉姆斯菲尔德部长非常热情地招待了我们一行人，我想或许是他基于过去的缘分而表示的善意吧。

给重庆市民们的感谢牌

过去我们的先辈为了祖国独立，在重庆设立临时政府时重庆市民们给予的帮助，大韩民国的国民至今依然谨记在心。对留有先辈精神的重庆临时市政府办公楼的完整保存，现以此感谢牌代表韩国国民向重庆市民致以最深的谢意。

——2005.5.26　大韩民国大国家党代表最高委员　朴槿惠

通常在国外访问的前一天，我都会忙着准备主要见面人士的相关资料、访问目的地的现状资料、给需要感谢的人的答谢礼等，准备的东西不外乎都是这几样。但2005年3月前往中国访问的前一天，我多准备了一样物品放在行李箱深处，这就是要交给重庆市民的感谢牌。

这次的访问，主要是为了与中国领导部门深度讨论陷于胶着状态的朝鲜核武器问题，以及亲眼确认中国西部大开发的现状。

我吩咐秘书室将重庆参观的行程排进访问中国的行程表

中，秘书室感到非常惊讶。短短五天的访问行程，要见的人已经很多，也必须转乘多次飞机，怎么会突然冒出个重庆。

在重庆市里遗留着大韩民国的最后临时政府办公楼，虽然提到临时政府大家会先想到上海，但重庆其实也在独立运动史上占有重要一页。1932年尹奉吉义士在虹口公园义举后，我们的临时政府为了躲避日本的围剿，从杭州、长沙、广州到柳州，辗转逃亡了一万三千里，最后于1940年定居重庆。一直到解放之前，重庆作为临时政府所在地一直发挥着重要作用。韩国光复军成立、对日宣战、印度缅甸战线参战、美国战略情报局的国内进攻计划促进等，如果上海是独立运动第一全盛期的话，重庆时代则可被誉为第二全盛期。

临时政府在重庆时，为了躲避日本政府的轰炸攻击，总共搬迁了四次。我们所参访的莲花池三十八号，就是临时政府第四个、也是最后一个办公楼。在参访保存完好如初的莲花池办公楼的那一天，重庆还下着雨。位于扬子江和嘉陵江交汇处，被誉为水之都、雾之城的重庆市，听说一年大部分的日子都是被大雾笼罩，能看见阳光的机会不多。就如同“临时政府第二个敌人就是雾”这句话一样，我们的同胞在这个地方，每天必须和有毒煤烟与雾气混合的空气搏斗，当时一天三餐只能吃白饭配泡过盐水的豆芽，过着这样的艰苦生活，还要为雾大潮湿的重庆气候所苦，最后三百名同胞中有八十多人死于肺病。

抵达先烈燃烧灵魂的重庆临时政府办公楼后，发现办公楼周边的小建筑物，每层都挤满了数百重庆市民，热烈地拍手欢迎我们一行人的到来，这完全出乎我意料。

在重庆大韩民国临时政府办公楼里的金九先生铜像前。

重庆临时政府最后的办公楼莲花池三十八号，被许多栋高楼大厦和现代公寓所环绕。我们下车后，爬上了陡峭的阶梯，还看到一块写着“大韩民国临时政府”的匾额。办公楼由两到三层小规模的建筑物共五栋所组成，进入本馆展示厅后，映入眼帘的是临时政府当时使用过的太极旗，以及金九先生的半身铜像。我们一行人向铜像献花，并默哀致意。喉间突然有股热潮涌上，顿时想起当时捍卫祖国的爱国先烈们，每日被日军驱赶、被病魔缠身，在恶劣的环境中艰苦奋战。

进入了金九先生的办公室，第一眼看到的是放置在衣橱旁先生生前穿过的长袍，还有一张书桌、一个衣柜和一张小床，那是非常简朴的生活空间。也就是在这小小的房间里，大韩民国政府即将灭掉的生命线得以重燃。我不禁肃然起敬，非常感谢重庆市在1992年将此地指定为大韩民国临时政府旧址陈列馆，并由相关单位负责营运及维护。

莲花池三十八号是重庆临时政府四个办事处中，唯一保存完整的遗址。然而在1980年，重庆市的再开发政策，使此地面临拆除危机。当时在重庆市议院参加过独立运动的李达先烈的女儿李素心女士，向中韩两国政府呼吁“请帮我们守住此遗址”，并积极促成了此事。

担任解说的临时政府陈列馆副馆长李善子惋惜地说：“虽然临时政府办公楼是中国和韩国双方政府携手合作一同守护的唯一独立运动遗址，但是每年参观的旅客人数逐年下滑，导致经营越来越困难。”

那天晚上正好是重庆市委书记招待晚宴，我把在韩国事先准备好的“致重庆市民的感谢牌”交给他们，一是感谢中国将原本因再开发而处于消失危机的临时政府办公楼，指定为文化遗产来保存，二是嘱托未来还请善加保存之意。重庆市市委书记对韩国来访的客人所赠送的感谢牌感到意外，急忙收下并表示谢意：“临时政府办公楼虽为韩国遗址，但同样也是中国的遗址，重庆市能为韩国独立运动带来帮助，我们也感到无比荣幸。”并承诺未来也会将其好好保存。他将感谢牌放在办公楼中最显眼的地方陈列，希望重庆市民能够一同感受韩国国民的友谊。

小泉首相的“无信不立”

“日韩关系最近处于极度恶劣时期，您选择此时到日本访问是很危险的。”

“您只要在日本说错一句话，就会被执政党利用作为政治攻击啊。”

“不如这次干脆展现出比卢武铉总统更强硬的态度，大吵一架回来如何呢？”

2005年韩日建交四十年，两国宣布当年为“韩日友好之年”，但讽刺的是当时韩日之间的关系是建交以来最恶劣的。

日本领导者们持续地妄言，独岛问题、小泉首相的靖国神社参拜问题、教科书问题，还有慰安妇等问题，使我国人民的情绪已处于极度激动的状态，两国最高领导人之间的对话也已断绝。2005年11月在釜山所举办的亚太经济合作组织峰会上见面的两国最高领导人，带着各自的情绪简短聊了几句，好不容易精心准备的会谈，竟然只聊了二十分钟就草草结束。

在这样的情况下，访问日本是个艰巨的任务。如同日本这个国家对于我国国民来说是相当敏感的话题一样，我国的政治人物也都没有人愿意到日本做任何事情。我在这样的时刻决定到日本访问，可想而知周遭人士一定都会劝我注意各方面的风险，甚至还有人提议干脆到日本大吵一架回来。

然而，我的想法却有所不同。虽然日韩关系恶化的原因出在日本，但是像朝鲜核武器等两国必须共同努力的问题堆积如山。我认为必须有人出面解决此事，韩日之间才能承诺共同的未来。我虽然身处在野党，但无论如何都还是要打破韩日两国之间的僵局，并制造契机让日本改变。

这次访问预计与森喜朗前首相、扇千景参议院议长、河野太郎众议院议长、安倍晋三官房长官、麻生太郎外相等众多政治人物会面。虽然这些人一致强调并坚持日本的理论，但我表示："过去的历史问题必须在我们这一代解开，不能再传给下一代，造成他们的负担。"我们的会谈严肃地进行，超过了原先预定时间的两倍。其实撇开过去的历史，经济、外交、韩日两国间的交流等，在各领域上都是有共识的，这也证明过去的历史问题若无法解决，就算韩日两国有无限的发展可能，也会变得寸步难行。

尤其通过与小泉首相的对话更是感受深刻。与首相的面谈是访问日本的第二天，即2006年3月8日在首相官邸中进行的。

抵达会议现场时，众多的韩日媒体已在现场守候。我们彼此握手道好后坐了下来，小泉首相先开口问候。

恰好在我到日本访问的两天前，世界棒球经典赛上韩国球队最终赢了日本队晋级八强，引起韩国国内热烈欢呼，小泉首相以此先开了话题。他模仿韩国选手李晋映的守备动作，现场气氛瞬间轻松了起来。

小泉首相说道：“右外场手功力真是厉害！韩国队后来情势逆转您应该很开心吧？要是当时他没抓到那一球，结果应该就会不同了……”他恭喜韩国队的胜利，也为日本队的失利感到惋惜。我回答：“能够赢棒球实力强大的日本队，我感到更是开心。”结束棒球比赛的话题之后，小泉首相又谈到前阵子与韩星崔智友见面的情况，表示对韩国流行风尚很有兴趣。

我则向首相提及日本政府实行韩国人到日免签政策并表达感谢，也不忘恭喜首相所进行的成功改革，使日本经济脱离长达十多年的衰退，重拾活力。小泉首相则表示国外反而比国内更认同他的此项政策，对此感到感激。

“我们两国对自由民主和市场经济的价值有着共同认识，身为友邦国，应该一同解决经济、安全等问题，并成为东亚共同体的核心国家。只可惜因为独岛问题、小泉首相的靖国神社参拜问题、教科书问题，还有慰安妇等问题的牵绊，使得两国关系难以前进，我们必须快速解决并朝未来迈进。”

我提出了四个问题与日方讨论，这四个问题日本方面都极不想碰触，但我认为这些通通都应该在现场谈清楚，不能因为大家不想谈论就逃避，那样我到日本的访问就变得毫无意义了。

小泉首相说道：“两国之间虽然存在着许多艰难的问题，但是从未有像今天这样的日子，未来也期望两国之间能够扩大友好亲善的范围。为了促进两国民间交流，政府也必须多加

小泉首相恭喜我国在世界棒球经典赛上的胜利，使会谈气氛瞬间变得轻松愉悦。

努力才是。经济交流、体育交流也从未像现在这样热络过，最近也经常听到‘您好’和‘谢谢’的韩文，仿佛已成了日文般熟悉。”他露出了微笑。

我感觉小泉首相并没有回答问题本身，而在转移话题。小泉首相继续说道：“韩国选举时，地区主义相当明显。”“韩国女性政治人物渐渐活跃于政坛，您作为女性担任党领袖，韩国女性应该增添了不少职场上的事业心吧？”

接着我提到了小泉首相的座右铭。据我所知日本人很重视座右铭，只要聊到座右铭就会吐露真心，因此我事先查了一下小泉首相的座右铭。

“听说首相的座右铭为‘无信不立’，就如同此座右铭字面上的意思，信任是非常重要的。首相您成功实施了经济改革，期待您在外交方面也能解决问题并得到很高的评价。关于韩日两国间存在的许多问题，希望您能做出明智的决定，成为一位为东亚共同体奠定稳定基石的首相并名留青史。”

顿时会堂内充满着紧张的气氛，在我发言完后肃静了一阵子，小泉首相突然露出了一抹浅浅的微笑，用手掌轻轻地敲了一下桌面并开口说：

“我有同感，未来我愿意一同齐心努力。”

那次会谈不久之后，日本首相从小泉先生换成安倍晋三，日韩关系依旧存在着许多困难，但是我依然抱持着希望。我知道通过仅仅一次的交谈，无法解决所有问题，就如同朋友也要经常见面对话，才会彼此认识了解，维持良好关系一样。我相信与日本之间的关系，一样也可以通过持续的真心交谈而逐渐明朗。并且在对话的同时也要考虑对方的难处，只一味从自身角度出发并行动不会有任何结果。

访问日本的第四天，我在日本记者俱乐部里参加了午宴兼会谈。因韩日两国关系日渐恶化，当然也引来许多媒体记者的聚集。在我演讲结束后，日本记者们提问。一位记者举起了手，他是岛根县（2005年，因提出独岛属于岛根县的主张而引发激烈争议的地方）的地方媒体，自我介绍完毕后就开始提问。

“韩日间因独岛问题而纠葛不断，请问您有何见解？”

“这个问题完全不复杂也不难回答，因为独岛是韩国的，只要日本承认就没事了。”

我话一说完，在场的韩国记者欢呼鼓掌，日本记者也仿佛是因为我讲得太一针见血而露出复杂的笑容。

《孙子兵法》里有一句写道："不战而屈人之兵，善之善者也。"用一颗愤慨的心吵架，虽然可以一时得到畅快，但最终还是得不到自己当初所要的结果。我认为外交的力量就在于不必争吵也能赢，尤其与日本之间的外交，比起其他任何国家都需要忍耐。两国努力恢复对彼此的信任是最优先的事情，因为对方是一同创建东北亚经济共同体的伙伴，也是一同开拓未来的伙伴。扇千景参议院议长则对我说："希望我们能不再是'最近又最疏远'的国家，而成为真正'最近又最亲近'的国家。"我相信不只是我，这也是所有国人引颈期盼的事情，相信只要彼此经常见面，吐露真心之言，最终必能积累信任。

与默克尔总理的相同梦想

“我听说您长久以来的梦想，就是能搭着横跨欧亚的列车，横越大陆旅行。”

“是的，您是如何得知的？那是我从小最想达成的愿望。”

“那么，我们一同努力，搭着从韩国横越到欧洲大陆的欧亚横跨列车，往返德国与韩国如何呢？”

“好啊，要是能实现的话就一起来试试看吧。”

隔了六年时间再次会面的默克尔总理，与我有着共同的梦想。2006年9月与默克尔总理的见面，就像是与老朋友重逢。2000年在我担任大国家党副总裁期间，第一次见到了德国基民党首任女领袖默克尔总理。从那次之后我们只要有人赢得选举或担任代表等开心事发生，就会通过祝贺信联系并维持良好关系。默克尔总理是我在2006年被袭击时，最早寄来慰问信的外国朋友之一。

人们都说我与默克尔总理有许多相似之处。2004年4月默克尔总理担任了因非法政治献金丑闻而支持率下滑的基民党

与默克尔总理在德国会面。

党主席，在一年半后带领基民党赢得了国会总选胜利，并保住了基民党。而我也有相似的经验，我们两人都是保守政党的党主席，也都是理工科出身，所以有着心灵相通的感觉。默克尔总理所追求的经济政策与外交方针与我相同，此外，重视原则与约定的性格也与我一模一样。

因为受到德国基民党的智囊团——康拉德·阿登纳财团邀请，当时我正在拜访欧盟本部与北大西洋公约组织司令部以及德国。约定与默克尔总理见面的时候，德国议会正处于繁忙的状态，德国军队的“阿富汗派兵延长同意案”引起赞成与反对两方的激烈辩论，因此总理室也非常忙碌。这时总理室的职员先向我说了一声总理可能会晚一点还请包涵，但就在说完这句话后，默克尔总理正好走了进来，亲自对我说：“抱歉，因为有重要的投票，等投票结束后我会马上赶回来，还请您多多见谅。”说完就加快脚步离开了，那是对朋友的一种体恤。过了二十至三十分钟后她再次出现，默克尔总理向我走来并握手，在看见我国记者后，突然摆起了拍照姿势。依照德国总理室的过去惯例，如果不是国家元首间的见面，是不会允许其他国家记者进行拍照的，但她却忽视了那些惯例。

我们在没有陪同者的状态下聊了起来，从经济改革到与同盟国的共同防卫体系，聊了各式各样的话题。默克尔总理最近为了复苏德国经济，推行了一系列强有力的措施，包括维持外资、医疗改革、年薪改革、实力外交、亲自由市场政策，也坦白与我分享了促进改革的过程中所遇到的困难以及如何克服等内容。

我则谈到了要让韩国再次点燃重新成长的引擎，并具备全球竞争力，的确也需要总理所提及的那些改革，这也是我平日的想法。当我提到想要让朝鲜半岛横跨铁路与欧亚横跨铁路连接德国与韩国时，再次确认了我们之间的默契。

通过朝鲜半岛横跨铁路将韩国与中国、俄罗斯、欧洲连接起来是我长久以来的构想。目前从朝鲜半岛到欧洲最大港口荷兰鹿特丹开船要两万六千六百公里，但若是通过欧亚横跨铁路，就可以缩短为一万两千两百公里，整整缩减了百分之六十四，运输费用也可降低百分之三十六。如此一来不仅是东北亚，欧亚大陆也能成为一体，也将带来代表性的物流革命。

默克尔总理也附和了我的看法，并表示希望能搭乘着西伯利亚横跨列车去旅行一次，我们达成了一同实现此梦想的共识。

我们想法相同，双方吐露了最真实的心底话，分享彼此的未来计划，并约定一同实现那幅蓝图。

西部大开发的前哨基地——成都

2005年我到中国访问时，带着为了解决朝鲜核武器问题中国必须扮演的角色这个议题前往。除了此项任务外，还有另外一件事，那就是在巨大的中国市场找到我们的舞台并找寻方法进入，为此我选择的地点是成都。

成都是拥有八千七百万人口的四川省省会。一提到四川，我国国民第一时间想起的应该就是川菜，因为川菜辛辣又爽口，正合韩国人的味蕾。此外，四川也是《三国志》中的诸葛亮与邓小平先生的故乡。

中国的沿海和内陆发展差距极大。以上海、青岛、天津和烟台等沿海城市为重心发展。甚至有句话是这么说的，“沿海地区人民的一餐花费高达十万至二十万韩元[①]，如此消费的人口高达一亿以上；反观内陆地区，一天吃不起十块韩元面包的人民也占一亿以上。”

如此大的差距，对国家整合是相当大的困难，而朝向“小康社会”发展，也就是创造中产阶级稳固的社会的目标也将难

① 1人民币约合170韩元。

以实现。因此，中国政府开始大规模地实施“西部大开发”与“新农村建设”政策。

西部大开发对中国而言不仅是一项巨大的计划，对韩国而言也是个难得的机会。随着基础建设扩充，相信会跟着兴建许多高楼建筑，建设现场也会需要许多重型装备。IT产业也会展开一片新天地，兴建工厂、引进所需的设备零件，并创造新的消费市场。以地理位置而言，中国位于亚洲正中央，可以成为我国与欧亚大陆往来的跳板。如果说在1970年代，创造了进入中东的良机，那么在21世纪，中国的西部大开发，将可为我国带来许多新的机会。

我想亲眼确认这些可能性，并听一听已经在中国内陆发展的企业遇到了哪些困难，也想与积极推进此项政策的四川省领导相互交换一些看法与意见，我认为这一切都是必要的。

我抵达成都后，首先与我国企业家们共进午餐，并谈论了许多内容，我一如往常将这些仔细地抄在笔记本上。虽然在中国大陆投资这一议题，有许多问题要从韩国制度层面解决，但绝大多数必须由中国当局解决。那天傍晚，我与四川省省委书记约定晚餐，要是能为我国企业正面临的困难想点办法，该会是多好的机会。当然，那也是我飞往此地的任务之一。我在与四川省省委书记张学忠先生的晚餐会上，将笔记中关于我国企业的烦恼一一转述给他听。

“成都南部聚集着许多韩国人，但是孩子们没有韩语教室，目前都是在老师家中上课。为了能让我们的子孙继续接受

访问在成都生产乐器的我国企业，并当场即兴演出。

韩国教育，请协助至少周末能让我国国民借用中国学生的教室上课吧。”张学忠当场吩咐在座的陪同负责人立即照此执行，并承诺其他事项也都会仔细认真地商讨，我对此深表感谢。

晚餐在非常愉悦温馨的氛围下进行，我用中文说：“希望张学忠书记身体健康，期许未来能有更多佳绩，韩、中两国之间的友谊也能更加深厚。”并举杯致意，听完我用中文说的这段话，中国领导者们为我鼓掌欢呼。

张学忠书记询问我：“是否会唱中文歌曲？”我回答会唱《夜来香》和《甜蜜蜜》，他们便说想立刻听我高歌一曲。我也充满兴致想要演唱一首，但因为在中国访问期间得了重感冒，声音完全出不来。后来我就找了理由说：“我一定要有乐队伴奏才能唱歌。”没想到张学忠书记竟然回应说：“那么我就为您献唱一首好了。”他高兴地起身唱起《康定情歌》，四川省相关人士也都起身一同齐声合唱。

我们当然也要响应中方，送上一首答谢歌曲，所以全体议员就站起来开始讨论该回唱什么歌曲才好，中方则邀请我们欢唱《阿里郎》一曲。于是我们全体高歌《阿里郎》，没想到所有人一同唱这首歌竟是如此嘹亮，这是我第一次听到这么有活力的《阿里郎》，就这样在那片充满无限可能的土地上，韩中友谊之夜也渐渐深了。

想从“新农村运动”中学习经验的中国

2006年11月，我再次受邀到中国共产党学校“中央党校”进行“新农村运动”的演讲。很久之前中国共产党就曾提出过邀请，但是时间一直挪不出来，所以才拖延到现在。

随着中国开放以及经济改革的推动，中国沿海与内陆、都市与农村之间的差距日渐扩大。为了解决城乡差距的问题，通过中国政府的力量，执行“西部大开发”和“新农村建设”。听说“新农村建设”正是以“韩国新农村运动”的模式规划执行，也就是发展农村经济，提升农民生活质量。为了学习新农村运动的模式，许多中国公务员到韩国深入学习；在大学里，也有针对新农村运动进行各式各样的主题研究。中国共产党之所以拜托我分享新农村运动的经验，正是因为想要听我陈述当时跟随在父亲身旁，直接观察父亲推动新农村运动的真实经验。

我的演讲场地是在中央党校，是中国共产党干部的教育学府。这个地方可说是精英培育地。胡锦涛主席身为副主席时，也曾担任过中央党校的校长，现在则是由曾庆红副主席担任

关于新农村运动，许多中国高层相当关注。我是第一位在中央党校演讲的韩国人。

校长一职。据说我是第一位在此处演讲的韩国人。

前来听讲的人，有中国未来领导者的高层公务员，还有现在正于中央党校主修新农村运动的三百名博士生，挤满了整个演讲厅。我做了简单的问候开场后，随即进入主题。首先播放了在韩国准备的两分半钟的新农村运动影片，这部影片是辅佐人员翻遍过去资料亲手制成的。影片结束后，开始正式进入了演讲内容。

我向大家说明了开展新农村运动时韩国的历史与时代背景、新农村运动的精神，还有新农村运动取得成功的原因与成果，并具体地举例解说。我唱着"用我们的力量创造出更好的村庄"，告诉大家这首《新农村之歌》是父亲洗澡出来后不小心滑倒，躺在床上几天几夜自行作词作曲的一首歌，在鼓舞新农村运动上有着很大的帮助。我向在场的人们说明了这首歌的由来，大家也对此发出了赞叹。

在演讲进行的过程中，听讲者全程耳朵直竖专心倾听，不愿遗漏任何一句重点，并用心记着笔记。可以感受到中国想要学习新农村运动的热情。从他们身上我看到了70年代父母亲那一辈人相信“未来日子会过得更好”、“做就对了”的信念与热情。

我认为中国是可怕的，拥有广大土地、丰富资源和众多人才，如果有需要学习的事情就会向任何人请教，若有成功的制度就会直接效仿植入。靠着这样的热情与努力，不难想象中国未来的发展将会有多迅速。

除了韩流之外，我们还向中国输出新农村运动。我们创造了强盛的国家，也成为他们某些政策发展上的仿效对象。凭着我们的潜在能力一定能超前，与他们合作相信能拓展我国的发展舞台。现在开始我们必须走在前端，再创21世纪发展榜样，我认为那是国家领导人的职责。

以铁路渡轮行驶世界

铁路渡轮是实现连接朝鲜半岛与大陆的构想中具体化的计划之一。我在2002年访问朝鲜时，也与金正日委员长谈论过朝鲜半岛横跨铁路的议题，虽然他承诺会协助完成东海岸线连接，但因遭遇朝鲜核武器危机的问题，此计划仍旧是不透明的梦想。

全球各地区皆在进行物流革命，将区域划分并连接成一，而我们到底要到什么时候才能改善与朝鲜的关系呢？当我思考需要什么方法时，听说连接中国与欧洲的铁路渡轮已开始行驶。铁路渡轮是利用火车乘船过海的方式来减少运输时间。

我研究了一下我国是否也能套用这条铁路渡轮，结果发现可能性相当高，而且确实可以减少我国的物流费用。

即使韩国与朝鲜之间的铁路成功连接，朝鲜半岛横跨铁道与中国横跨铁道及西伯利亚横跨铁道也顺利连接，铁路渡轮依然是一个能够缩短通往中国内陆距离的方法。

站在能将朝鲜半岛与欧亚大陆连接、将我国物流发扬光大的铁路渡轮前。

我在2006年11月访问中国的最后一天，安排了行程前往山东半岛的烟台。我亲眼目睹了穿梭在山东半岛烟台与东北三省大连之间的铁路渡轮，也希望能推进韩中之间铁路渡轮连接可能性。若铁路渡轮从我国西海岸一直连接到中国内陆，就可以在大连与西伯利亚横跨列车连接，连接到烟台的话则可与中国横跨列车连接一路通到欧洲。也就是说韩中铁路渡轮不仅是韩国与中国跨海连接的事业，更是朝鲜半岛与欧亚大陆连接的发展事业。

抵达烟台港时，看见铁路渡轮“中铁渤海一号”及载着货物的列车在港口等待。往返烟台和大连的铁路渡轮“中铁渤海一号”，比以往缩短了六百至一千公里的运输距离。烟台的导览员为我们详细地解说，“中铁渤海一号”可同时运载货车五十辆、二十吨卡车五十辆、一般轿车二十辆，还可让

在平泽港聊着铁路渡轮的相关意见。

四百八十名乘客搭乘。

烟台导览员解说完后，载着货物的列车就开始行驶进船里。列车登上连接港口与船只的通道后，缓缓进入船身，才不过几分钟的时间，列车已完全进入船里不见身影。载着满满货物的列车进船的景象实在是非常壮观，我们一行人发出了赞叹声，看着原本行驶在路面上的列车逐渐进入船身，我一方面觉得很神奇，同时也认为我们若要运行铁路渡轮应该不成问题。

在韩国制造的重型装备及出口物品，被装载在铁路渡轮上，运往中国境内；中国产的木材与水泥等原材料，也同样被装载在铁路渡轮上，运送到仁川港口——这些画面自然而然浮现在我的脑海中。未来中国西部大开发正式展开以后，相信铁路渡轮可对我国企业的中国出口事业产生极大帮助。

关于中韩之间铁路渡轮运行的事情，中国方面比我们展现了更积极的态度。已在运行铁路渡轮的中国，一定考虑到要是路线能连至韩国的话，可产生更多利益，能够抵达的城市，则会成为对韩贸易的跳板。光看山东半岛的两个港口城市烟台和威海极力竞争连接到韩国的铁路渡轮，便可得知。

那晚与烟台市委领导们一起吃了晚餐。烟台市方面表示："每日中韩飞机往返五次以上，活跃地来往着，希望铁路渡轮能尽快正式连接。"而我也回应道："亲眼目睹铁路渡轮运输的样子让我感动不已，也让我燃起了韩中两国未来能更近距离连接的希望。"

晚餐当时，恰巧烟台市委书记孙永春为了参加特别会议而出差至其他地区。隔天用完早餐后正准备要离开烟台市时，接到孙永春书记为了见我一面开了七小时的夜车在清晨抵达的通知。听到他为了我连夜赶路，让我既感动又有些抱歉。

"在烟台，有两千家韩国企业及两万名韩国居民在此生活，希望看到未来两国间的交流可以更加热络。我认为韩国和烟台若成功通过铁路渡轮连接，未来交流一定会更加频繁。希望铁路渡轮运行这件事，有朝一日能确实实现。"

孙永春书记对于铁路渡轮一事显得格外关注，关于铁路渡轮将成为建构东北亚区域共同体及共同发展的起跑点一事，中国的烟台正在具体实施当中。

慈父慈母般的情感——李光耀总理夫妇

相信很多人会认为外交中存在着各种规范礼仪，应该非常冰冷生硬，但是外交也是人与人之间的交流，因此在这些过程中有时也会开出友谊之花。打从代理母职担任第一夫人那时开始，我至今见过无数外宾，其中有仍维持着友谊关系的人、有认识已久的人、有虽然没见过几次面但理念契合而想再次见面的人。这些人都在自己的领域有所成就，有的甚至曾经是国家的领导者，因此对我来说这些人脉是我一生最大的资产。

像新加坡前总理李光耀夫妇，对我来说就像是父母一般的存在。李光耀前总理与我的父亲在60至70年代都身为一国的领导人，两人就像是竞争对手那般。我与李光耀总理第一次见面是在1979年10月他来访韩国时，也正好是父亲遭枪击的一周前。当时，父亲想向他们展现韩国工业化发展的现状，要带他们前往浦项冶铁及京釜高速公路现场视察，但是李光耀总理当时并不是很想去。我想，这或许是领导人之间的一种竞争心态吧。最终还是视察了浦项冶铁及京釜高速公路的李光耀总理表示，他对韩国的发展与成长可能性深有感触。

父亲与李光耀总理会面当天，我在两人的用餐现场担任翻译。两位皆充满着英勇的男子气概，领导艰困的祖国走向发展之路，充满了热情与想法。从彼此的对话，可以感受到高手之间相互较劲的味道；但两人对彼此的称赞，也使得会谈气氛融洽。会谈结束后的一周，父亲遭枪击去逝，李光耀总理哀痛万分，并发来悼文慰问。

2006年5月20日中午，我再次在首尔与李光耀夫妇会面。经历了漫长的岁月，他的眼睛依然炯炯有神，可以感受到一丝不苟的外表下的那份从容与仁慈，以及满腹经纶的领导者风范。“要是父亲现在还在世的话，会不会也是如此风貌呢？”当下，这样的想法突然涌上了心头。

许久未见的两位，待我如同自身儿女般亲切，问我是否有困难、身体是否健康等，并提到当年二十几岁的我为他们担任翻译时的事。在谈话的过程中，总理夫人柯玉芝女士突然从拎包中拿出了一罐像是糖果的东西，说道：“您到处走访演说，最重要的是要保养好自己的喉咙啊。”她一边说着，一边将喉糖递给了我。我心想“要是父母亲还健在的话，应该也会这样照顾我”，不免感伤了起来。

那天下午，我在首尔新村进行首尔市长选举的助选演说，遭到不明人士袭击。明明早上还好好地与前总理夫妇会面，彼此道安问候，没想到才到下午，就站在生死关头，可想而知两位当时有多么惊吓……事后我听说两位听到了我的消息，非常地难过，也寄了一封早日康复的慰问信给我。我绝不会忘记待我犹如父母般慈祥的两位。

两位的长子李显龙总理现在是新加坡的新领导者。如果说在我父亲的时代，是与李前总理相互竞争，那么我则希望能与他的儿子李显龙总理，一同探讨两国共同发展的方针路线。

与世界知名未来学家阿尔文·托夫勒共同“升级”

随着《财富的革命》一书出版并登上畅销排行榜，撰写本书的世界知名未来学家阿尔文·托夫勒博士来访韩国。同时，我接到了托夫勒博士希望与我会面的消息。我平时就很喜欢阅读他的著作，欣然接受了那次邀请。

当我走进约定地点的首尔某间饭店餐厅，大批媒体记者蜂拥而上。看到如此热烈的采访现场，让我再一次感受到托夫勒博士的声名远播。

“过去我读了很多您的著作，能够这样与您见面真是荣幸。”我先开心地向博士送上问候，他也立刻回应：

“我同样也通过新闻，读了许多关于朴前代表的事情。”

托夫勒博士这句充满幽默感的回答，逗得我和现场媒体采访者们笑了出来，瞬间化解了初次见面的生疏感。媒体采访完后从房间散去，我们则开始用餐并展开了严肃的话题。在正式进入主题前，托夫勒博士先表示了他对我国的关心。

“韩国在朴正熙总统的带领下，有着显著的发展以及社会变化，吸引了身为未来学家的我的高度关注。过去我对朴总统的评价很高，也关心并注意他在政治上所走的每一步，通过这次的韩国访问，能够与您相会，实在是十分开心。”

“托夫勒博士，您认为未来的教育该如何进行才好呢？”

我认为教育是决定我们未来的重要事项，也是最迫切需要改变的部分，所以好奇托夫勒博士的见解。托夫勒博士与我分享了许多教育想法，还提出了具体的教育模式建议。

“您想想在网络发达的今日，韩国社会为什么还要要求孩子们一定要遵守上课日程，将他们关在学校里面度过时间呢？何不大幅减少上课时间，同时也能减少政府负担，并将学校建筑物运用在新用途上呢？若要培养农业领域的专家，就必须摆脱以往统一化的评价机制，那些孩子们应该通过自行生产的农作物来被评价才是。”

我们以教育开始了第一个话题，后续又探讨了许多其他领域的议题。一开始以我的提问为中心所进行的对话中，我们发现彼此的价值观和哲学观有着许多共同点，托夫勒博士也进而延伸出更多提问。

“朴前代表，您认为哪一个组织最充满官僚性呢？”

“关于朝鲜问题，您认为该如何解决？”

很意外地，托夫勒博士的提问刚好都与我关心的议题相符，尤其是朝鲜问题以及政府组织相关问题。当我说应该去掉政府组织赘肉，采取“以小型政府迈进”的方式时，托夫勒博士就像等待已久般地强调：“若要适应未来快速变迁的社会，所有官僚组织都应该缩小化并需要有弹性。”

与世界著名未来学家阿尔文·托夫勒博士的对话，是提升彼此的时间。

我回答道："阳光政策的宗旨很好，但因政策没有原则不断包容，导致朝鲜的核武器实验危机出现，现在最重要的是有原则地施行对朝政策。"博士听完表示这与他的想法完全一致，并强调："政策必须随着急速变化的时代形势一起转变。"见完面后，陪同的秘书室长对记者们公布了刚才我们对朝鲜核武器问题的相关谈话内容。"等等，那些话究竟是博士说的，还是朴前代表说的呢？两位的想法怎么会这么相似？"就连记者们也觉得讶异，可见我与托夫勒博士的观点是多么一致。

随着谈话时间的加长，我与托夫勒博士越聊越有共鸣，想继续聊更多话题。原本预计一个小时的会谈，不知不觉间已过去两小时又十分钟。秘书室长的手机不停响着，但我们依然没有理会，因为难得遇见理念相通又能聊得如此深入的人，这份喜悦实在不想被打断。虽然聊了两个多小时之后依然想再继续，但当时我和博士都已耽误了各自接下来的行程，最终只好不得已起身道别。

我说道：“经过今天的会谈，我好像得到了‘升级’一般，虽然感到可惜，但因时间的关系不得不结束这场会谈。”以诙谐才智开场的托夫勒博士接着回答：“我认为，这世界上应该不会有人认为自己知道所有事情，我今天也同样通过朴前代表学习到了许多事情，看来我们双方经由这段谈话都得到‘升级’了。”

韩国与美国，一同分享的未来

我在一年前答应了哈佛大学肯尼迪学院发出的“肯尼迪论坛”演讲邀请，他们曾经邀请过布什与克林顿等美国总统，以及全世界国家元首及著名人士前来演讲。

我因行程太满，对答应好邀请却延迟了一年而感到抱歉。哈佛大学肯尼迪学院不仅是美国，还是全世界梦想成为未来领导人的优秀人才们的聚集地，因此我比任何时候都还要费心准备这场演讲。

2007年2月12日，一走进肯尼迪学院演讲会场，我十分震惊。当时正值以严寒气候著称的美国波士顿冬季，寒冷的强风吹袭着，再加上演讲时间是在傍晚六点，与用餐时间刚好重叠，预计不会有太多学生到场来听演讲，但三层楼高的演讲厅，竟然座无虚席，甚至连演讲厅的走道也坐满了人，足足超过五百多名。

肯尼迪学院院长艾尔伍德博士先向大家介绍了我作为开场，学生们以雷鸣般的掌声欢迎我出场。

我开始演讲。演讲主题是“韩国与美国，一同分享的未

在哈佛肯尼迪学院，以“韩国与美国，一同分享的未来”为主题演讲。

来”。这是有些沉重的演讲主题，但因在座的都是梦想成为未来领导者的人们，我想要陈述一些较严肃的内容。其实这个主题很容易令人疲乏，但学生们的脸上却毫无任何倦怠，反倒是眼神明亮地专注聆听。演讲接近尾声时，我看到好多学生开始起身，并走到了第一层、第二层、第三层演讲厅里设有麦克风提供发问的阶梯上。我心想：“那么多人的问题该怎么全部回答呢？”学生们开始提问之后，我更是惊讶不已。

“现代汽车的工会组织纠纷严重，据我所知您对于工会组织的激进行为是持批判态度的。如今正值选举前夕，请问您会如何应对工会组织问题呢？”

“目前在哈佛就读的学生们，韩籍学生人数占哈佛外籍学生人数第三位。我身边也有许多韩籍学生对韩国大学录取制度抱持不满。若您当选总统，会提出什么样的对策来解决呢？”

“你的铁路渡轮计划与前首尔市长李明博的运河计划有何不同？”

“在历史上，日本是侵略大韩民国的国家，若您当上总统后，会采取何种对日外交政策呢？”

“请问您是否有信心实现韩国经济百分之七的增长目标呢？”

“若您当上总统，是否会展开划时代的对朝政策呢？”

令人意外的是，提出这些问题的学生大多数是持美国籍的美国学生。瞬间我甚至怀疑自己是不是在美国大学演讲，同时也不自觉地感到非常兴奋，仿佛是在接受国外记者采访一样。能从看似对韩国毫无兴趣的哈佛大学学生口中听到这些严肃且犀利的提问，不知不觉地我也充满了能量。学生们关心的议题领域非常多元，随着问题一个接一个提出，我也开始期待接下来会有什么犀利的提问。要是能继续回答，我也希望能分享更多的想法，碍于下个行程只好婉拒那些站在麦克风前等待提问的学生离开演讲厅，这也使我感到极为可惜。

很久之前，在电视上看到以“哈佛大学的书呆子”为题的一档节目，可能因为这档节目的关系，只要大家一讲到哈佛大学，我就会自动联想到书呆子这个词。这样的称号就某个意思来说果然名符其实。他们认为，通过一位外国政治人物的演讲，是学习那个国家的一次机会，甚至还可以彻底了解那个国家以及演讲者的政策主张等等……光是这点，就让我感到或许这就是美国的力量，而这样的想法在我的脑中许久都挥之不去。

演讲结束之后，我与几名韩国留学生聊了一下，虽然只有短暂的时间，但通过与留学生们的对话，再次确认了刚才演讲现场的氛围并非巧合，而是哈佛大学学生们的平常实力，也是他们的生活态度。

而我国的学子们在哈佛大学的优秀人才里，一点也不示弱，他们认真努力读书，我们的未来也在美国不断地成长。我站在校园里与哈佛大学的韩籍留学生们拍了一张大合照，相机一对着嘻笑热闹的学生们，他们马上比出胜利的V字手势，那模样果然是不折不扣的青春呀！

遇见未来中国的领导者们

“在中国，秀才中的秀才聚集之处不就是北京大学吗？他们是在十亿人口中脱颖而出的孩子，所以这些天才们甚至连国家元首级外宾来访，都不见得给予热烈掌声。”

2005年5月25日，访问中国期间，我应邀来到北京大学演讲，为我做导览的北京大学校方人士自豪地对我说了上述这段话。我非常好奇，备受世界瞩目的邻国——中国，他们的骄傲天才、未来将与我们一同竞争、共创未来的领导者们，究竟会是什么样子。

抵达演讲厅后，看到一条红色横幅上写着：“热烈欢迎大国家党朴槿惠代表”。我用松了一口气的表情看着校方人士，他则回答：“学生们对新农村运动和朴正熙总统的关注甚高，对朴代表您的关注也很高。再加上韩流风潮高涨，所以年轻人对韩国这个国家相当有好感。”

比起先前的“学生们不太会鼓掌”，“学生们的关注及好感度相当高”这句话更深得我心，因此心里舒坦了许多。

“尊敬的郝平副校长，老师们及同学们，大家好！我是韩

以“东北亚伙伴角色”为主题进行的北京大学演讲，在学生们热烈的欢迎下开始。

国大国家党的代表朴槿惠。”

我用中文做了开场问候，立即得到现场热情的欢呼。

“在韩国所有种类的餐厅中，中华料理餐厅占最多数，一天全国能卖出四百万碗炸酱面，安在旭、张娜拉、Rain、宋慧乔等韩流明星，也都是从小吃炸酱面长大的。”

我先以熟悉的话题强调两国之间的文化交流亲密性，并提出“东北亚伙伴角色”的主题。随着时间的流逝，我不断强调演讲内容中的重点，也就是韩中关系的重要性，尤其是韩国与中国扮演的角色。北京大学的学生们则用热烈的掌声回应我。

三十分钟左右的演讲过程当中，中国学生们的热情反应让我感受到了他们特有的能量，在问答环节中，更是显现出了中国年轻人的真性情。

“为了促进两国合作，您是否会推荐韩国年轻人购买中国海尔公司的电子产品呢？”

“中韩两国，都与日本有着诸如钓鱼岛或独岛的领土纷争，您有何看法？”

中国学子们继承了大陆人民的爽朗性格，无论是敏感的议题或者是政治性的问题，都毫不避讳地提问。特别是问到是否有意愿购买海尔公司产品时，我回答：“虽然我向来俭朴，但如果要购买新的电子产品是为了韩中两国的经济交流，我愿意购买一台海尔公司的产品。”学生们听完我的回答，掌声再度响起。看着信心满满向我提这个问题，以及听完我的回答给予热烈掌声的学生们，从他们的脸上充分感受到对于正迈向一流产业国的祖国，他们充满无比的自豪。

1980年代初，翻开那些曾经从海外返国的人们的纪念照，总会有一两张是以“三星”、“现代”等企业字样当作背景的。当时的韩国国民，每个人都对我国企业的海外出口感到无比新奇、开心、骄傲。甚至还有人到美国出差看到电视里出现现代汽车的广告而感动到录像留存。当时我国曾经历过的那种强烈渴望发展的欲望，在如今的中国大学生心中也掀起同样的巨浪。

我见过世界各地的年轻人，他们的共同点就是“年轻”所给予的“热情与能量”。有趣的是，那份纯真的年轻与充满活力的能量展现，虽然在每个国家会有些许差异，但带有该国特色的年轻人，会将该国的历史与现在所处的环境以及需要挑战的未来，完美地融合，并开创出属于该国的全新未来。

继续走向世界舞台

每次无论我走访到世界哪个国家，抵达当地的第一天都会先安排与我国侨胞们见面，这是我对身处他乡异地、却能坚忍不拔落地生根的我国同胞，表示敬意的独有方式。遇到散布于美国、日本、中国、欧洲等世界各地的我国同胞，就会像见到了儿时玩伴般高兴万分，我很喜欢因为我们都流着相同血脉而有的那股凝聚力。

与同胞们见面时，还有一件我会尽可能遵守的事情，就是穿韩服。韩服并不是单纯的服装，而是展现我国文化与民族精神的象征。我希望能借由韩服，让远在他乡生活的我国同胞，即便只是短暂时间，也能感受到祖国情怀。因此每次出国就算行李箱已塞不进东西，我还是一定会带着韩服。

在日本的侨胞们所经历的差别待遇与压力是无法言喻的，在无法言喻的苦难当中，只要祖国有难，在日侨胞们仍然会毫不犹豫地出手相助。当我们极力摆脱穷困的时候，他们为了祖国的发展，将过去辛苦存下来的财产积蓄毫不吝啬地贡献给祖国。1970年代，在日侨胞援助祖国的金额，甚至超过其他所有外国人支助的资金总额。不仅如此，1988年为了成功举办首尔奥林匹克运动会，民间团体与妇女会还开展募款运动，寄来了巨款。当遭遇1998年国际金融危机时，在日侨胞们也再次同心协力为祖国作贡献。

2006年3月我前往日本东京驻日大使馆拜访，大使馆设立于东京中心，占地面积很大，听说这是1960年代我国同胞们将私有土地捐赠出来盖建的大使馆。当我听到这件事时不禁有些哽咽，不仅仅是大使馆，日本当地大部分的领事馆也都是由当地的侨胞们捐赠土地或建筑物建成的。我想世界各国应该没有一个国家的侨胞会将自己的私有财产捐赠，用来盖建大使馆或领事馆，这让我感受到侨胞们对贫穷祖国所表现的热爱与疼惜。

在日本，至今仍旧有着持有我国国籍而备受差别待遇却坚强勇敢生活下去的第二、第三代侨胞。即便在公职上有着升迁的差别待遇，且无法拥有参政权，但他们依然没有放弃韩国国籍。我的感受只有感激两个字能够形容，现在应该是祖国对在日同胞们回报的时候了。

我到日本访问时，最顾虑的事情之一就是侨胞们的参政权问题。在前往日本访问之前，由大国家党倡议国会通过了“促进赋予在日韩国人与朝鲜族人地方参政权之决议案”。每当我与安倍晋三官防长官和麻生太郎外相等相关人士会面时，都会提及要求协助保障在日侨胞们地方参政权的事情。麻生太郎外相说道：“若同意了地方参政权，我担心日后会演变成要求总选参政权。”但我回应道：“韩国已让外籍人士享有地方参政权，若同意在日侨胞拥有地方参政权的话，相信我国人民也会对日本提高好感度，将具有历史性的意义。”强烈要求日本政府能回心转意。外相则回答：“我会慎重考虑。”只可惜，至今参政权问题仍没有一个结论，但是为了在日侨胞们的权益，未来我依然会竭尽所能地进行协助。

当祖国有困难之际，还有着另外一群为国牺牲的同胞们，他们就是在德同胞。1960年代初期，许多韩籍矿工与护士被派遣至西德工作。当时我国是全世界最穷的国家，一些同胞们为了摆脱贫困，以矿工身份被派遣至遥远的德国，必须在摄氏四十度的高温下作业，每天吸进大量碳粉。被派遣的护士们则在语言不通的医院中辛苦地工作。当时我们以这些矿工与护士的薪水为担保，向德国政府借款兴建了京釜高速公路。1967年我国出口总额的百分之三十六都由派德的矿工们赚取，他们的付出与牺牲，奠定了我国经济的基础。听说在矿场工作的同胞们下降至地下一千米时，会用德语说“Gluck auf!”来相互问候。此话意为“平安回到地面再相见”，可想而知对于在德同胞们来说，他们每天都在性命堪忧的环境下工作。

2006年9月，我到德国访问时终于有机会与他们见面。还记得1964年父母到德国与派德矿工、护士们见面时哭成一团的新闻，我通过电视新闻一边收看一边流泪，至今仍旧印象深刻。我穿着韩服，走进与同胞们聚会的场所。现今这些在德侨胞的样子，与之前父母来访时截然不同，所有人看起来都很舒适安定。他们以矿工和护士的经历为基础，实现了当歌星、医生和教授等梦想，如今在德国社会已有一席之地。曾经是护士的那些人都已退休隐居，但为了能与我见上一面，他们从多特蒙德搭车两至三小时赶到法兰克福的聚会地点。他们回想着1964年与我父母见面时的情景，有人掉下了眼泪。一群人时而欢笑时而红了眼眶，就这样聊到天色渐暗，无论走到哪里，韩国国民的毅力与潜力始终无限。

自从中国正式改革开放以来，韩中两国之间的交易量及前往中国移民的人数正逐渐增加。我国侨民们正前往充满无限可能的中国，努力地开拓市场建构家园。虽然生活上经历许多艰辛，但他们最担忧的还是孩子的教育问题，尤其担心母语教育。可以感受到他们虽然身在中国，但依然想要坚守我国语言、我国精神的那颗心。

2005年访问中国时，我到位于北京的“韩国国际学校”访问。这所学校由我国侨民设立，以“虽然身在异国，但身为韩国人就是要学韩国语”为宗旨。老师和家长们在异国经营学校的过程所经历的痛苦非比寻常。

“学校成立七年期间，被迫迁移四次。现在学校也是以向他人租赁的方式在营运，甚至还曾发生过被赶走的事件。”

让身处国外的侨民不忘母语理应是由国家出面进行的事情，反而由侨胞们自发代国进行，祖国没有给予任何帮助，还让侨民们这样受尽折磨，不禁令我感慨“国家究竟在做什么”而郁郁不已。

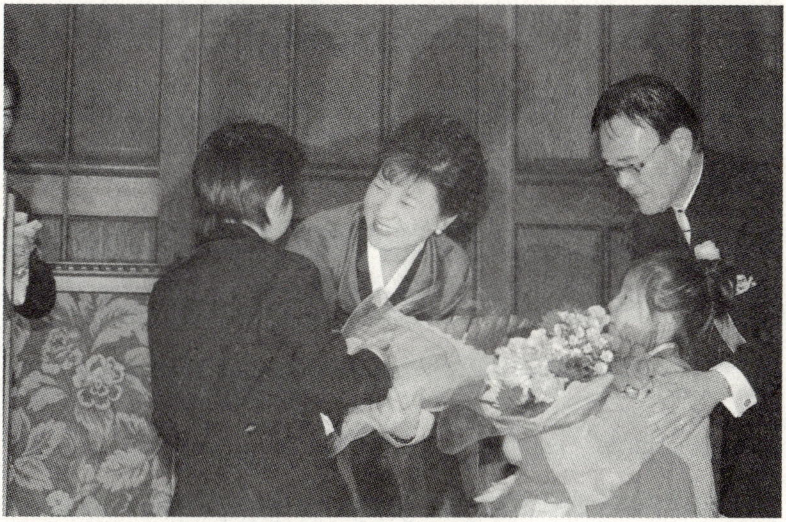

在遥远他乡，我们的未来仍在茁壮成长。在美国见到的年幼同胞们。

现今已是全世界一体的全球化时代。未来相信会有更多韩国人散居于世界各地，到那时候，我们唯一的连结方式就只剩母语而已。我认为政府至少应该从现在起，尽力让我国侨民无论走到世界上的任何地方，都能学习韩文。我看着在中国的侨民们对母语的深爱，提醒自己未来要留意的事情又多了一项。

所有侨胞中，在美侨胞人数最多且有着值得炫耀的成功侨民史。因此，侨胞们准备欢迎会的场面也相当可观。每次我到美国访问，通过侨胞们所准备的欢迎会都会得到许多力量，华盛顿、纽约、洛杉矶三处的欢迎会场，都被前来参加的侨民挤得水泄不通。

“到目前为止，这是韩国人聚会场面最盛大的一次，应该会创下历年来聚集人数最多的纪录。”

这是侨民会中某位人士的说明，我十分感激，从没想过到了美国会得到这么多人的爱戴，心中只有无尽的感恩。看着侨民们我的心情百感交集，他们挑战艰难，成功地立足于美国社会，甚至将第二、第三代韩侨推进美国主流社会，而那些韩国人就在我的眼前。

见过世界各地的同胞就会发现他们都有着一个共同点，就是对祖国浓厚的爱。尤其我国同胞们对祖国的深爱更是特殊，韩国人的特殊爱国情怀，也正是韩国未来发展的重要资产。

后　记

为我们的将来，许下承诺

2005年9月12日上班的路上，我接到弟弟志晚的电话，他充满喜悦地告诉我侄子出生的消息。这一切来得太突然，一时之间我开心到说不出话来。任何言语都无法形容我当时激动欣喜的心情，这对我们家人来说，也是许久未有的好消息。

虽然当时我正在前往主持最高委员会议的路上，但我告诉自己"就今天例外"，嘱咐秘书室长后就立即奔向了医院。

若是平常，会议途中离开是绝对不能有的事，但今天就当作是例外，因为当下我最希望的就是替孩子祈求健康与幸福。

前往医院的路上，我无法压抑好奇心，不断想象侄子会长成什么模样。当初志晚出生时，我已六岁，还记得那天全家都弥漫着节庆般的喜悦。

父亲抱着志晚，仿佛成了世界上最富有的大富翁那般，露出了骄傲的笑容。

在那之后经历了漫长的岁月，也经历了许多迂回曲折。或许对我们家而言，伤心事远比开心事多得多，而我每次遇到难以承担的试炼时，心中都会浮现“要是能出生在平凡家庭该有多好”的念头，可想而知那些日子对我来说有多痛苦。侄子的健康诞生仿佛全数补偿了过去，被我抱在怀里的婴儿又小又惹人爱，此时我过去的人生就如同电影般，一幕幕地从眼前闪过。

在这不短的人生中，我能一直坚定地走下去，绝非只靠我一人的努力。面对连一天都无法多撑下去的绝望瞬间，以及一般人难以承担的事情，我之所以能够坚强地撑过来，主要原因在于——我的人生终究不属于我一人。

在此瞬间，我的人生又展开了一条新的命运道路，我不会就此逃避，无论任何事情，都会面对接受并想办法克服。因为上天给予我的使命，正是“创造新的希望”。

当我们的孩子长大成人后，他们生长的国家将会是什么样子？

我希望今后在这片土地上，所有年轻人毕业离开学校后，都能拥有自己的理想工作，付出多少努力就能得多少回报，遵守法律及原则的人们也能够成功。我希望建立这样的国家。因为希望参与建设这样的国家，所以我的人生一直走到现今。

身为一个大人，我有义务让我们的孩子都能朝着自己的梦想展翅飞翔，这同时也是身为这个国家的政治人物的我应负起的责任。

我想要让韩国的孩子们对未来充满希望，让我国后代子孙能够安心追求梦想，想要打造富强的国家，为了这个信念，我将全力以赴直到终点。真心期望能够成为后代子孙们的希望灯塔。

2006年6月16日，结束两年三个月的大国家党代表任期，我从代表一职退位。在卸任典礼上，我向国民们说了以下这段话并表达感谢之意。

“感谢大家再次给我们大国家党一次机会，才能够使我们重新站起来，在此向全国国民的爱戴深深致以最真挚的感谢，并将各位对我的支持谨记在心，以我剩余的人生继续努力回报大家。”

这样的承诺是我往后必须一辈子完成的功课，同时也是我的信念。

写下这本书，感觉就像重新活过一次那样。我的人生迄今为止，受到许多人的帮助，也因为许多人的协助，才能顺利出版这本书。

无论如何，我的人生能够走到现在，主要还是来自国民给予我的莫大精神支持，在此深表感谢，并将此书献给全国国民。

2007年6月　朴槿惠